LIBRO del alumno

Etapa 8
El blog

Nivel

B1.3

1.ª edición: 2010   2.ª impresión: 2012

© Editorial Edinumen, 2010.
© Equipo Entinema: Sonia Eusebio Hermira, Anabel de Dios Martín, Beatriz Coca del Bosque, Elena Herrero Sanz, Macarena Sagredo Jerónimo.
  Coordinación: Sonia Eusebio Hermira.
© Autoras de este material: Anabel de Dios Martín y Sonia Eusebio Hermira.

Coordinación editorial:
Mar Menéndez

Diseño de cubierta:
Carlos Casado

ISBN: 978-84-9848-187-7

Diseño y maquetación:
Carlos Casado, Josefa Fernández
y Juanjo López

Ilustraciones:
Carlos Casado

Dep. Legal: M-11852-2012

Fotografías:
Archivo Edinumen, David Hall

Impresión:
Gráficas Glodami. Coslada
(Madrid)

Editorial Edinumen
José Celestino Mutis, 4.
28028 Madrid
Teléfono: 91 308 51 42
Fax: 91 319 93 09
e-mail: edinumen@edinumen.es
www.edinumen.es

Instituto Cervantes

Este método se adecua a los fines del *Plan Curricular* del Instituto Cervantes
La marca del Instituto Cervantes y su logotipo son propiedad exclusiva del Instituto Cervantes

Edi numen

Introducción

Etapas es un curso de español cuya característica principal es su distribución **modular** y **flexible**. Basándose en un enfoque orientado a la acción, las unidades didácticas se organizan en torno a un objetivo o tema que dota de contexto a las tareas que en cada una de ellas se proponen.

Los contenidos de **Etapas** están organizados para implementarse en un curso de 20 a 40 horas lectivas según el número de actividades opcionales, actividades extras y material complementario que se desee utilizar en el aula.

Con **EXTENSIÓN DIGITAL**

Extensión digital de **Etapa 8**: consulta nuestra **ELEteca**, en la que puedes encontrar, con descarga gratuita, materiales que complementan este método.

ELEteca
un espacio en constante actualización

La Extensión digital **para el alumno** contiene los siguientes materiales:

- Prácticas interactivas
- Claves y transcripciones del libro de ejercicios
- Resumen lingüístico-gramatical

La Extensión digital para el **profesor** contiene los siguientes materiales:

- Libro digital del profesor: introducción, guía del profesor, claves, fichas fotocopiables, transparencias...
- Fichas de cultura hispanoamericana
- Resumen lingüístico-gramatical

Recursos del alumno:

Código de acceso

98481877
www.edinumen.es/eleteca

Recursos del profesor:

Código de acceso

Localiza el código de acceso en el
Libro del profesor

Descripción de los iconos

 → Actividad de interacción oral.

 → Actividad de reflexión lingüística.

 → Actividad de producción escrita.

 → Comprensión auditiva. El número indica el número de pista.

 → Comprensión lectora.

 → Actividad opcional.

Unidad 1

La bitácora sentimental

Tareas:
- Participar en un blog.
- Conocer gustos y sentimientos de los compañeros de la clase.
- Escribir un texto argumentativo.

Contenidos funcionales:
- Expresar gustos y sentimientos.
- Opinar y argumentar.

Contenidos lingüísticos:
- Uso del presente de subjuntivo con verbos y estructuras de sentimiento.
- Verbos intransitivos pronominales.
- Estructurar un texto argumentativo.
- Uso de conectores para organizar las ideas.

Contenidos léxicos:
- Léxico relacionado con los gustos y los sentimientos.

Contenidos culturales:
- *Tres sombreros de copa* de Miguel Mihura.

1 Me gusta, no me gusta

1.1. Mira la siguiente página del blog de Ángel Azul, fíjate en las imágenes que utiliza para su presentación: ¿cómo crees que es? Háblalo con la clase.

1.1.1. Mira la página del blog de Ángel Azul, que te muestra tu profesor, y lee la información que nos ofrece: ¿es así como te la habías imaginado? Piensa en tres imágenes que pondrías tú en tu blog y en los datos que utilizarías para tu presentación.

1.1.2. Cuéntale a la clase lo que has elegido en la actividad anterior.

1.2. Lee la primera entrada de Ángel Azul en el blog. Para conocer sus gustos, tenemos, primero, que relacionar las frases con las imágenes y, luego, deducir el dato al que se refieren. Si necesitas ayuda sobre algún dato, pregúntale a tu profesor.

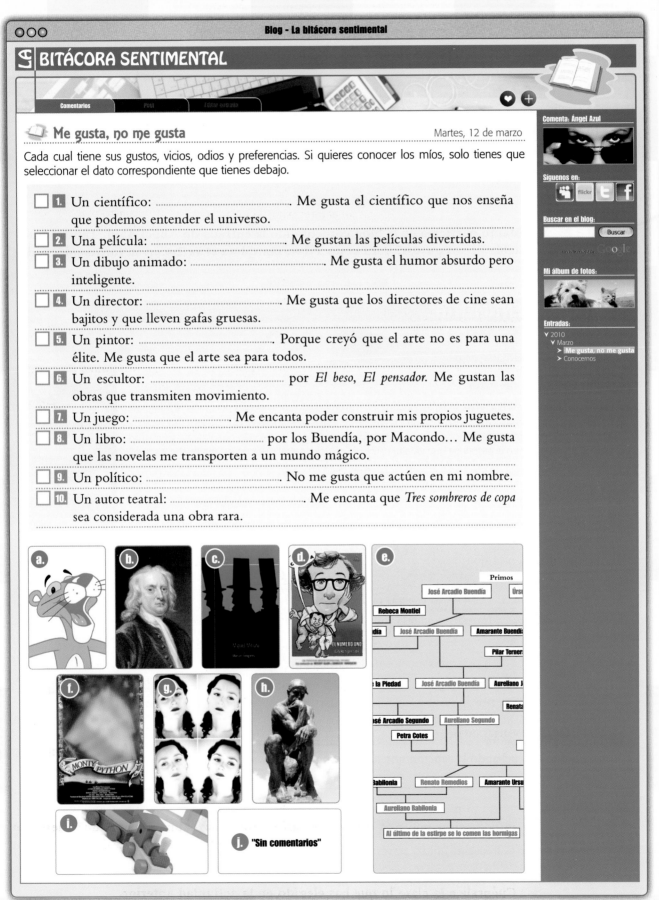

Blog - La bitácora sentimental

BITÁCORA SENTIMENTAL

Comentarios   Post   Editar entrada

Me gusta, no me gusta
Martes, 12 de marzo

Cada cual tiene sus gustos, vicios, odios y preferencias. Si quieres conocer los míos, solo tienes que seleccionar el dato correspondiente que tienes debajo.

1. Un científico: .... Me gusta el científico que nos enseña que podemos entender el universo.

2. Una película: .... Me gustan las películas divertidas.

3. Un dibujo animado: .... Me gusta el humor absurdo pero inteligente.

4. Un director: .... Me gusta que los directores de cine sean bajitos y que lleven gafas gruesas.

5. Un pintor: .... Porque creyó que el arte no es para una élite. Me gusta que el arte sea para todos.

6. Un escultor: .... por *El beso*, *El pensador*. Me gustan las obras que transmiten movimiento.

7. Un juego: .... Me encanta poder construir mis propios juguetes.

8. Un libro: .... por los Buendía, por Macondo… Me gusta que las novelas me transporten a un mundo mágico.

9. Un político: .... No me gusta que actúen en mi nombre.

10. Un autor teatral: .... Me encanta que *Tres sombreros de copa* sea considerada una obra rara.

Comenta: Ángel Azul

Síguenos en:
flickr

Buscar en el blog:
Buscar

Mi álbum de fotos:

Entradas:
▼ 2010
  ▼ Marzo
    ➤ Me gusta, no me gusta
    ➤ Conocernos

I.2.I. **R** **Vuelve a leer las frases anteriores y completa la siguiente información.**

Expresar gustos

Cuando al verbo *gustar* le sigue una oración, el verbo se usa en el tiempo y modo: ....

(A mí)	....			
(A ti)	....			
(A él/ella/usted)	....			
(A nosotros/as)	....	**gusta**	**que** + oración en ....
(A vosotros/as)	....			
(A ellos/ellas/ustedes)	....			

Fíjate:

El verbo *gustar* solo se usa en su forma singular porque la oración se considera singular.

I.2.2. 📝 **Mauro participa en el blog comentando la entrada de Ángel Azul. También nos habla de sus gustos. Para conocerlos, completa el verbo en su forma adecuada.**

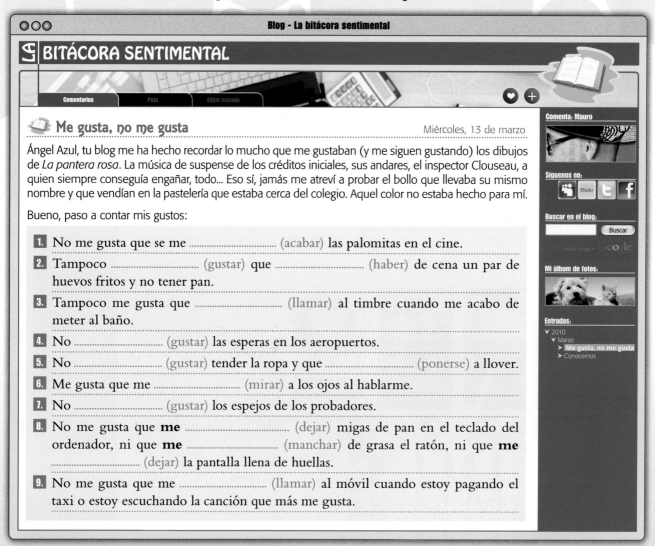

Blog - La bitácora sentimental

BITÁCORA SENTIMENTAL

Comentarios | Post | Editar entrada

📖 Me gusta, no me gusta

Miércoles, 13 de marzo

Ángel Azul, tu blog me ha hecho recordar lo mucho que me gustaban (y me siguen gustando) los dibujos de *La pantera rosa*. La música de suspense de los créditos iniciales, sus andares, el inspector Clouseau, a quien siempre conseguía engañar, todo... Eso sí, jamás me atreví a probar el bollo que llevaba su mismo nombre y que vendían en la pastelería que estaba cerca del colegio. Aquel color no estaba hecho para mí.

Bueno, paso a contar mis gustos:

1. No me gusta que se me .... (acabar) las palomitas en el cine.

2. Tampoco .... (gustar) que .... (haber) de cena un par de huevos fritos y no tener pan.

3. Tampoco me gusta que .... (llamar) al timbre cuando me acabo de meter al baño.

4. No .... (gustar) las esperas en los aeropuertos.

5. No .... (gustar) tender la ropa y que .... (ponerse) a llover.

6. Me gusta que me .... (mirar) a los ojos al hablarme.

7. No .... (gustar) los espejos de los probadores.

8. No me gusta que **me** .... (dejar) migas de pan en el teclado del ordenador, ni que **me** .... (manchar) de grasa el ratón, ni que **me** .... (dejar) la pantalla llena de huellas.

9. No me gusta que me .... (llamar) al móvil cuando estoy pagando el taxi o estoy escuchando la canción que más me gusta.

Comenta: Mauro

Síguenos en:
flickr

Buscar en el blog:
Buscar
Google

Mi álbum de fotos:

Entradas:
▼ 2010
 ▼ Marzo
  ➤ Me gusta, no me gusta
  ➤ Conocernos

Fíjate en el ejemplo número 8:

En español no es frecuente utilizar posesivos para los objetos personales. En su lugar se usa el pronombre *se*: *No me gusta que **me** dejen migas en la pantalla del ordenador.* En algunos casos, para enfatizar, se usan ambos: el pronombre *se* y el posesivo: *No me gusta que **me** toquen **mis** cosas.*

Unidad I

1.2.3. Vuelve a leer las frases anteriores y discute con tus compañeros las siguientes preguntas.

[1] ¿De qué color crees que eran los pastelitos de *La pantera rosa*?

[2] ¿De qué trataban los dibujos de *La pantera rosa*?

[3] ¿Por qué crees que para Mauro es impensable comerse un huevo frito sin pan?

[4] ¿Por qué piensas que a Mauro no le gustan los espejos de los probadores?

1.2.4. Escribe una entrada en La bitácora con tus gustos, pero no escribas tu nombre, utiliza un alias. Cuando termines, dáselo a tu profesor.

1.2.5. Lee el texto que te ha dado tu profesor y escucha el de tus compañeros. ¿Qué persona de la clase esconde cada alias? Da tu opinión a tus compañeros y justifica por qué.

1.3. Mira la imagen que te muestra tu profesor. ¿Recuerdas el nombre de la obra y del autor? ¿Te acuerdas de por qué le gusta a Ángel Azul?

1.3.1. Imagina que Miguel Mihura, cuando escribió el borrador de su obra, pasó momentos en blanco. Lee una de las escenas que te va a dar tu profesor, y ayúdale: completa los espacios en blanco con palabras y frases de tu propia creación. Trabaja con tu compañero.

1.3.2. Pon en común lo que tu compañero y tú habéis escrito.

1.3.3. Comparad vuestras versiones con el original. Mira las palabras y frases que te muestra tu profesor y, entre todos, ponedlas en el lugar correspondiente.

1.4. Completa el siguiente cuadro con tus gustos (u odios) para publicarlo en el blog.

Una película ➡ ....

Una serie de televisión ➡ ....

Un artista ➡ ....

Un juguete/un juego ➡ ....

Un libro ➡ ....

Un político ➡ ....

1.4.1. Cuéntale a tus compañeros lo que has escrito en la actividad anterior, explícales por qué y escucha lo que ellos te dicen. Después elegid uno de los datos y escribid más información sobre él para publicarlo en el blog. Podéis seguir la siguiente estructura:

• Información general (datos personales, técnicos, etc.).
• Argumento (en el caso de libros, series, películas...)/*Es conocido por...* (en el caso del político, artista).
• Información sobre los personajes (en el caso de libros, series, películas...).
• Opinión personal.

2 Siento, no siento

2.1. Mira las siguientes imágenes: ¿qué sentimiento están expresando? Utiliza las palabras de la caja. Trabaja con tu compañero.

> alegría ■ enfado ■ ira/rabia ■ odio ■ miedo ■ preocupación ■ tristeza

1. _____

2. _____

3. _____

7. _____

4. _____

5. _____

6. _____

2.1.1. Mira las imágenes que te muestra tu profesor: ¿qué están describiendo? ¿Qué sentimiento te producen? Describe a tus compañeros situaciones similares a estas.

2.2. Mira la siguiente entrada en el blog. Las palabras resaltadas se han movido y se han intercambiado de lugar: colócalas en el sitio correcto.

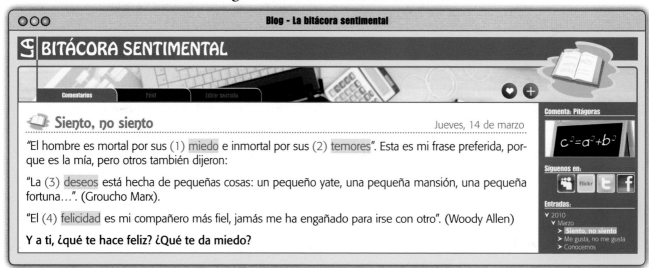

Blog - La bitácora sentimental

BITÁCORA SENTIMENTAL

Comentarios | Post | Editar entrada

📖 **Siento, no siento** — Jueves, 14 de marzo

"El hombre es mortal por sus (1) miedo e inmortal por sus (2) temores". Esta es mi frase preferida, porque es la mía, pero otros también dijeron:

"La (3) deseos está hecha de pequeñas cosas: un pequeño yate, una pequeña mansión, una pequeña fortuna…". (Groucho Marx).

"El (4) felicidad es mi compañero más fiel, jamás me ha engañado para irse con otro". (Woody Allen)

Y a ti, ¿qué te hace feliz? ¿Qué te da miedo?

Comenta: Pitágoras

$$c^2 = a^2 + b^2$$

Síguenos en:
flickr t f

Entradas:
▼ 2010
  ▼ Marzo
    ➤ Siento, no siento
    ➤ Me gusta, no me gusta
    ➤ Conocemos

2.2.1. Escucha los mensajes en los que estos participantes nos hablan de sus sentimientos y escribe (+) (-), según se trate de sentimientos positivos o negativos.

1. SOLE	⊕	⊖	EXPRESIÓN
a. …sentir que pierdo el tiempo.	☐	☐	Me da mucha _____
b. …tener llamadas sin mensajes.	☐	☐	Me da _____
c. …tener llamadas perdidas.	☐	☐	Me pongo muy _____
d. …los empujones en el metro.	☐	☐	Me _____
e. …hacer cola.	☐	☐	Me pone _____

2. Ramón

	⊕	⊖	**EXPRESIÓN**
a. ...contar nuestras penas y nuestras alegrías. » ☐ »» ☐			¡Qué ....!
b. ...poder hablar de sentimientos. »»»»»»»»»»»» ☐ »» ☐			Me .... de...

3. Lucía

	⊕	⊖	**EXPRESIÓN**
a. ...hablar con un contestador. »»»»»» ☐ »» ☐			¡Qué .... me pongo...!
b. ...los grifos abiertos. »»»»»»»»»»»»»» ☐ »» ☐			No ....
c. ...el ruido de las gotas. »»»»»»»»»» ☐ »» ☐			Me pone muy ....
d. ...el despertador por las mañanas. » ☐ »» ☐			Me ....

4. Luis

	⊕	⊖	**EXPRESIÓN**
a. ...el buen tiempo. »»»»»»»»»»»»»»»»»»»»»»»» ☐ »»» ☐			Me pone de .... humor...
b. ...llevar paraguas. »»»»»»»»»»»»»»»»»»»»»»»»»»» ☐ »»» ☐			No ....
c. ...tener que cambiar de planes por el mal tiempo. »» ☐ »»» ☐			Me da ....
d. ...la gente alegre todo el tiempo. »»»»»»»»»» ☐ »»» ☐			Me pone ....

5. Chelo

	⊕	⊖	**EXPRESIÓN**
a. ...la dificultad de la vida. »»»»»»»»»»»»»»»»»» ☐ »»» ☐			Me pone ....
b. ...la indiferencia. »»»»»»»»»»»»»»»»»»»»»»»»»»» ☐ »»» ☐			Me da ....

2.2.2. 🔊 **Vuelve a escuchar la grabación y completa la segunda columna de la actividad anterior con la parte de la expresión de sentimiento que falta.**

2.2.3. **[R]** **Mira la transcripción de la grabación anterior, que te da tu profesor, y completa el siguiente cuadro con ejemplos extraídos de ella.**

▷ **Expresar sentimientos**

Estructuras en las que el verbo principal se conjuga en todas las personas del paradigma verbal (*yo, tú, él/ella/usted, nosotros/as, vosotros/as, ellos/ellas/ustedes*).

1. Ponerse (muy) [*contento/a/s* / *triste/s* / *de buen/mal humor* / *nervioso/a/s*] *cuando* + verbo en presente de indicativo.

— *Me pongo muy contenta cuando salgo de trabajar y tengo muchas llamadas perdidas en el móvil.*

2. ¡Qué [*contento/a/s* / *triste/s* / *nervioso/a/s*] [*ponerse*] *cuando* + verbo en presente de indicativo!

— (1) ....

3. Alegrarse de / No soportar + [
■ *que* + **verbo en presente de subjuntivo**
  (Los sujetos de las dos oraciones son diferentes)

  — (2) ....

  — (3) ....

■ θ + **verbo en infinitivo**
  (El sujeto de las dos oraciones es el mismo).

  — No soporto llevar paraguas.
]

Continua ▷

Estructuras en las que el verbo principal solamente tiene las formas singular y plural de la tercera persona (siguen la estructura del verbo *gustar*).

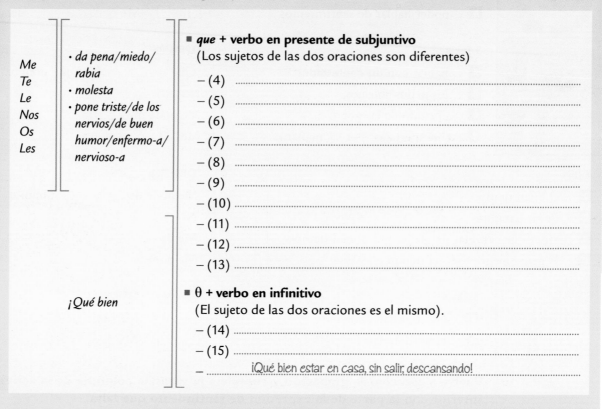

Me
Te
Le
Nos
Os
Les

- da pena/miedo/rabia
- molesta
- pone triste/de los nervios/de buen humor/enfermo-a/nervioso-a

■ **que + verbo en presente de subjuntivo**
(Los sujetos de las dos oraciones son diferentes)

– (4) ....
– (5) ....
– (6) ....
– (7) ....
– (8) ....
– (9) ....
– (10) ....
– (11) ....
– (12) ....
– (13) ....

¡Qué bien

■ **θ + verbo en infinitivo**
(El sujeto de las dos oraciones es el mismo).

– (14) ....
– (15) ....
– .... *¡Qué bien estar en casa, sin salir, descansando!*

Recuerda

Cuando a estas estructuras les sigue un sustantivo plural, los verbos cambian a la tercera persona del plural:.

- *Me molestan los grifos abiertos.*
- *Me dan pena los niños que pasan hambre.*

Me da rabia, me pone de los nervios, me pone enfermo-a tienen un uso coloquial.

2.3. **Vamos a colaborar con Pitágoras y participar en el blog: ¿qué tipo de sentimientos te producen las siguientes acciones? Escribe el verbo.**

Yo...	Coincido con...
[1] .... que me toquen el pelo.	....
[2] .... que, en casa, dejen la puerta abierta del baño.	....
[3] .... cuando me proponen un plan de última hora.	....
[4] .... salir de casa y no saber a qué hora voy a volver.	....
[5] .... que la gente hable de su trabajo.	....
[6] .... que me rasquen la espalda.	....
[7] .... ver bostezar a alguien cuando estoy hablando.	....

Continúa ▷

Yo...	Coincido con...
[8] _____ que en el trabajo me cojan el bolígrafo y no me lo devuelvan.	_____
[9] _____ que la gente coma palomitas en el cine.	_____
[10] _____ cuando un desconocido empieza a hablarme en el metro.	_____
[11] _____ que, en un bar, alguien me pregunte si puede sentarse en la misma mesa en la que yo estoy con mis amigos.	_____
[12] _____ que se termine este curso de español.	_____

2.3.1. **Busca en la clase a personas con las que coincides y escribe su nombre al lado de las frases de la actividad anterior.**

- Pues a mí me molesta que la gente coma palomitas en el cine, ¿y a ti?

2.4. **Lee la siguiente entrada de Ángel Azul, que te muestra tu profesor, y escribe los temas de los que se habla en las noticias.**

[1] _____

[2] _____

[3] _____

2.4.1. **Para saber qué sentimientos le producen a Ángel Azul las noticias anteriores, relaciona los tres elementos de las columnas de la actividad que te va a dar tu profesor. ¿Ángel Azul está a favor o en contra de las adaptaciones de películas?**

2.4.2. **Ángel Azul nos propone un concurso: ser capaces de completar con el mayor número de frases una entrada en el blog con el siguiente título: *Sentimientos y gustos de los compañeros de la clase*. Dividid la clase en dos grupos, leed su propuesta, que os va a dar vuestro profesor, y conseguid el mayor número de frases sobre vosotros. Escribid las frases finales.**

2.4.3. **Poned en común los resultados: ¿qué grupo ha ganado?**

3 Argumentar

3.1. Mira la siguiente entrada del blog de Carena, que te muestra tu profesor, y discute con tus compañeros: ¿qué crees que muestran las imágenes?

3.1.1. Lee el siguiente comentario a la entrada de Carena y ayúdale a redactar la carta. Trabaja con tu compañero.

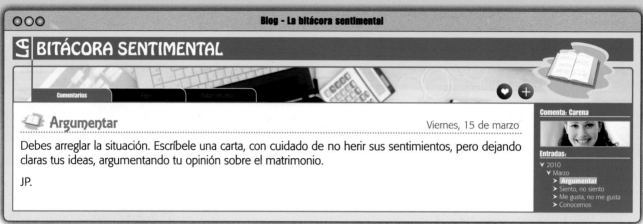

OOO   **Blog - La bitácora sentimental**

BITÁCORA SENTIMENTAL

Comentarios | Foro | ... ...

📖 **Argumentar**   Viernes, 15 de marzo

Debes arreglar la situación. Escríbele una carta, con cuidado de no herir sus sentimientos, pero dejando claras tus ideas, argumentando tu opinión sobre el matrimonio.

JP.

Comenta: Carena

Entradas:
▼ 2010
  ▼ Marzo
    ➤ **Argumentar**
    ➤ Siento, no siento
    ➤ Me gusta, no me gusta
    ➤ Conocemos

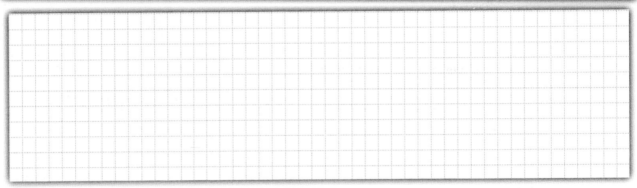

Conectores para organizar las ideas de un texto:

- **Iniciar la argumentación:** *Lo primero de todo, En primer lugar...*
- **Aportar argumentos:** *También, Por otro lado, Además...*
- **Objeciones a los argumentos:** *No obstante, Sin embargo, Pero, Aunque...*

- **Expresión de la subjetividad:** *Para mí, Yo creo, Yo pienso, Desde mi punto de vista, A mi modo de ver, Como yo veo las cosas...*
- **Fin de la argumentación:** *Así que, En conclusión, En resumen, Para terminar, Resumiendo, Termino diciéndote...*

3.1.2. Lee la carta que han escrito tus compañeros y marca los errores que veas. Utiliza la ficha que te va a dar tu profesor.

4 Tu blog

4.1. Y tú, ¿tienes algo que quieras compartir con tus compañeros? Participa en el blog con una entrada. Puedes escribir reflexiones, comentarios, opiniones..., todo aquello que te haya podido sugerir esta unidad.

Unidad 1

Unidad 2

La bitácora europea

○○○

Tareas:
- Participar en un blog.
- Hablar de los problemas de nuestras ciudades.
- Escribir un texto para una página de Internet.

Contenidos funcionales:
- Hablar de los problemas de las grandes ciudades.
- Expresar causas y consecuencias.
- Expresar desconocimiento en el pasado.
- Expresar condiciones.
- Expresar prohibición.
- Rechazar una prohibición.

Contenidos lingüísticos:
- *No sabía que... /No supe... hasta que...*
- Conjunciones causales y consecutivas.
- Oración de primera condicional (*Si* + presente de indicativo + imperativo).
- *Se prohíbe que* + subjuntivo.
- *Me da igual que esté prohibido.*

Contenidos léxicos:
- Léxico de mobiliario urbano.
- Léxico de problemas de ciudades.

Contenidos culturales:
- El programa Erasmus.

I La universidad europea

I.1. Desde finales de los ochenta muchos estudiantes europeos tienen la oportunidad de realizar parte de sus estudios en otro país. ¿Conoces el programa Erasmus? ¿Conoces a alguien que haya participado en él? Coméntalo con la clase.

I.1.1. En este texto tienes más información sobre el programa Erasmus. Léelo y con un compañero intenta completar los espacios con información lógica.

El programa Erasmus se creó en 1987 para fomentar la calidad de la enseñanza universitaria en Europa y promover el intercambio de alumnos y profesores. En el año 1995 se integró en otro programa europeo más amplio llamado "Sócrates". Los estudiantes cursan parte de su carrera en una universidad de otro país europeo, se facilita así la movilidad de estudiantes entre los (1) .... y otros como Islandia, Liechtenstein y Noruega. Todos los universitarios que tengan (2) .... pueden participar en este programa, durante el curso académico, de tres meses a un año. Se puede solicitar una (3) .... para ayuda de los gastos de viaje, alojamiento, clases del idioma, etc. Los candidatos, para participar en este programa, deben tener un (4) .... de la lengua del país de acogida, aunque existe la posibilidad de cursos de idiomas preparatorios para facilitar la integración.

Además, se pueden realizar (5) .... en empresas, combinadas con el periodo de estudios si están reconocidas como parte del programa pedagógico.

1.1.2. Escucha la conversación de dos estudiantes y comprueba tus hipótesis anteriores.

1.2. Seis estudiantes europeos han elegido España como destino para participar en el programa Erasmus. Se han conocido en una red social de Internet dedicada a los estudiantes Erasmus. El profesor os va a dar algunos de sus mensajes, completa lo que puedas de este cuadro.

	Nombre	País de origen	Ciudad de acogida
1.		Holanda	
2.	Chiara		
3.			Madrid
4.		Suecia	
5.		Alemania	
6.			Sevilla

1.2.1. Levántate y pregunta a tus compañeros para averiguar la información que te falta.

– ¿Sabes cómo se llama el estudiante de Holanda?

– Sí, Maarten.

2 Nuestras ciudades

2.1. Observa esta entrada de blog y responde a estas preguntas.

[1] **¿Quiénes han creado este blog?**   [2] **¿Qué objetivos tiene?**   [3] **¿Para qué piden ayuda?**

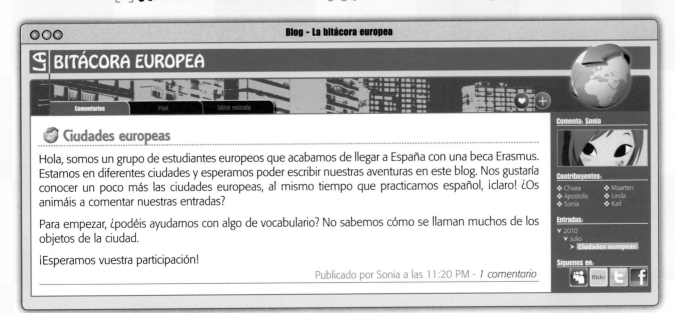

Blog - La bitácora europea

BITÁCORA EUROPEA

Comentarios   Post   Editar entrada

🌐 **Ciudades europeas**

Hola, somos un grupo de estudiantes europeos que acabamos de llegar a España con una beca Erasmus. Estamos en diferentes ciudades y esperamos poder escribir nuestras aventuras en este blog. Nos gustaría conocer un poco más las ciudades europeas, al mismo tiempo que practicamos español, ¡claro! ¿Os animáis a comentar nuestras entradas?

Para empezar, ¿podéis ayudarnos con algo de vocabulario? No sabemos cómo se llaman muchos de los objetos de la ciudad.

¡Esperamos vuestra participación!

Publicado por Sonia a las 11:20 PM - *1 comentario*

Comenta: Sonia

Contribuyentes:
❖ Chiara   ❖ Maarten
❖ Apostolis ❖ Linda
❖ Sonia   ❖ Karl

Entradas:
▼ 2010
  ▼ Julio
    ▶ Ciudades europeas

Síguenos en:
flickr t f

El profesor os va a dar unas tarjetas para aprender algunas palabras relacionadas con las calles de la ciudad, así podréis ayudar a los estudiantes Erasmus.

2.2.1. **R** Recuerda el significado de las palabras que acaban de enseñarte tus compañeros y dibuja una imagen que te ayude a memorizarlas.

Léxico de mobiliario urbano

1. Un cartel	2. Una alcantarilla	3. Una farola	4. Un contenedor de reciclaje

5. Una papelera	6. Una fuente	7. Un banco	8. Un semáforo

9. Un parquímetro	10. Una jardinera	11. Un buzón de correos	12. Una marquesina

2.3. Escucha cómo se pronuncian las palabras anteriores y marca la sílaba fuerte de las que no llevan tilde.

[3]

cartel	farola	papelera	reciclaje	parquímetro	buzón	jardinera
alcantarilla	contenedor	fuente	semáforo	banco	marquesina	correos

2.3.1. Observa dónde está el acento de las palabras anteriores y con un compañero completa estas explicaciones.

La acentuación de las palabras en español

■ En español hay tres grupos de palabras según el acento:

1. **Agudas:** tienen el acento en la última sílaba. Solo llevan tilde si terminan en vocal o en las consonantes .... o **s**. Ejemplos: *café, Berlín, París*.

2. **Llanas:** tienen el acento en la segunda sílaba empezando por el final de la palabra (la derecha). Llevan tilde si terminan en consonante diferente de **n** o .... Ejemplos: *lápiz, móvil, azúcar*.

3. **Esdrújulas:** tienen el acento en la .... sílaba empezando por el final de la palabra. Todas llevan tilde. Ejemplos: *Málaga, cámara, paréntesis*.

2.3.2. **Ahora clasifica las palabras de 2.3. según el acento.**

Agudas	Llanas	Esdrújulas

 Observa:

Una gran mayoría de las palabras españolas es llana.

2.4. Apostolis, el estudiante griego, estudia estadística en Sevilla y ha hecho una encuesta para saber qué problemas de las ciudades preocupan más a los ciudadanos. Lee su entrada en el blog y completa con las palabras del gráfico.

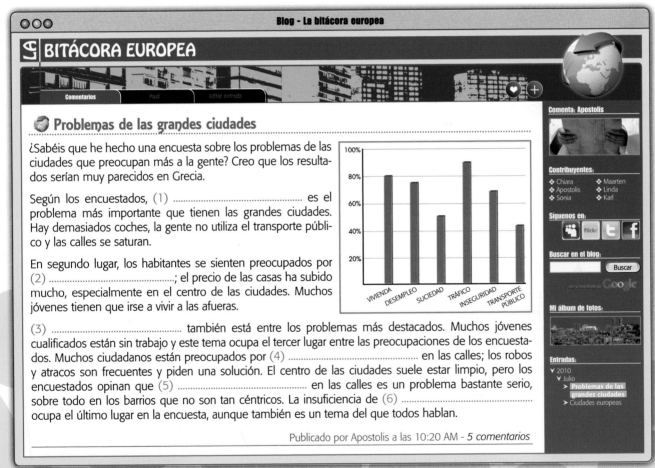

Blog - La bitácora europea

LA BITÁCORA EUROPEA

Comentarios   Post   Editar entrada

Problemas de las grandes ciudades

¿Sabéis que he hecho una encuesta sobre los problemas de las ciudades que preocupan más a la gente? Creo que los resultados serían muy parecidos en Grecia.

Según los encuestados, (1) .... es el problema más importante que tienen las grandes ciudades. Hay demasiados coches, la gente no utiliza el transporte público y las calles se saturan.

En segundo lugar, los habitantes se sienten preocupados por (2) ....; el precio de las casas ha subido mucho, especialmente en el centro de las ciudades. Muchos jóvenes tienen que irse a vivir a las afueras.

(3) .... también está entre los problemas más destacados. Muchos jóvenes cualificados están sin trabajo y este tema ocupa el tercer lugar entre las preocupaciones de los encuestados. Muchos ciudadanos están preocupados por (4) .... en las calles; los robos y atracos son frecuentes y piden una solución. El centro de las ciudades suele estar limpio, pero los encuestados opinan que (5) .... en las calles es un problema bastante serio, sobre todo en los barrios que no son tan céntricos. La insuficiencia de (6) .... ocupa el último lugar en la encuesta, aunque también es un tema del que todos hablan.

Publicado por Apostolis a las 10:20 AM - *5 comentarios*

Comenta: Apostolis

Contribuyentes:
❖ Chiara   ❖ Maarten
❖ Apostolis   ❖ Linda
❖ Sonia   ❖ Karl

Síguenos en:

Buscar en el blog:
Buscar

Mi álbum de fotos:

Entradas:
▼ 2010
  ▼ Julio
    ➤ Problemas de las grandes ciudades
    ➤ Ciudades europeas

Gráfico: VIVIENDA, DESEMPLEO, SUCIEDAD, TRÁFICO, INSEGURIDAD, TRANSPORTE PÚBLICO

2.4.1. Algunos estudiantes han comentado la entrada de Apostolis. Vuestro profesor os va a dar los comentarios, leedlos y pensad a qué otros problemas se refieren.

2.4.2. Y tu ciudad, ¿qué problemas tiene? ¿Crees que tienen fácil solución? Coméntalo con la clase.

- Realmente, en mi ciudad a todo el mundo le preocupa la falta de oportunidades de trabajo.

- Sí, en la mía también, pero además la gente está preocupada por...

Unidad 2

3 Causas y consecuencias

3.1. Piensa si la vida ha mejorado en tu ciudad en estos aspectos y coméntalo con la clase.

[1] **Transporte público.**

[2] **Zonas verdes y peatonales.**

[3] **Infraestructuras (carreteras, carriles bici, accesibilidad...).**

[4] **Reciclaje.**

[5] **Contaminación del aire y acústica.**

– En mi ciudad se han instalado muchos contenedores de reciclaje y hay puntos limpios para llevar todo aquello que no puedes tirar en los contenedores.

3.2. La ciudad de Zaragoza ha sorprendido a Maarten. Lee su entrada en el blog y di si la sorpresa es positiva o negativa.

Blog - La bitácora europea

BITÁCORA EUROPEA

Comentarios Post Editar entrada

💬 ¡Y yo no lo sabía!

Antes de venir a España, no sabía que podría utilizar la bici como medio de transporte en la ciudad. En Zaragoza hay un carril bici que va por la orilla del río Ebro; puedo ir a la universidad dando pedales y yo no tenía ni idea. Para mí, ha sido una sorpresa agradable. No está tan desarrollado como en Ámsterdam, pero es mejor de lo que yo creía.

Desde que llegué aquí, siempre he tenido una gran preocupación por dónde echar todos los residuos y la verdad es que hasta ayer no supe que Zaragoza tiene varios puntos limpios en los que puedes deshacerte de gran variedad de cosas inservibles. Y vosotros, ¿qué habéis averiguado de las ciudades en las que estáis?

Publicado por Maarten a las 7:05 AM - *1 comentario*

Comenta: Maarten

Contribuyentes:
❖ Chiara   ❖ Maarten
❖ Apostolis ❖ Linda
❖ Soria   ❖ Karl

Buscar en el blog:
[   ] [Buscar]

Google

Entradas:
▼ 2010
 ▼ Julio
  ➤ ¡Y yo no lo sabía!
  ➤ Problemas de las grandes ciudades
  ➤ Ciudades europeas

3.2.1. Vuelve a leer la entrada de Maarten y toma nota de las frases en que expresa desconocimiento de una información en el pasado.

▷ **Expresar desconocimiento en el pasado**

1. Para expresar desconocimiento en el pasado sin decir cuándo terminó esa situación, utilizamos:

– ....

– ....

2. Para expresar desconocimiento en el pasado diciendo el momento exacto en que terminó esa situación, utilizamos:

– ....

3.2.2. Piensa en algunos aspectos que desconocías de la ciudad en la que estás y explícaselo a tu compañero.

– Yo no sabía que aquí se comía tan tarde.

– Pues yo no supe hasta el lunes que las tiendas cierran a primera hora de la tarde.

3.3. **Apostolis ha comentado la entrada de su compañero Maarten. En su texto ha señalado algunas palabras que no entiende bien. Ayúdale a averiguar su significado utilizando las explicaciones que hay debajo.**

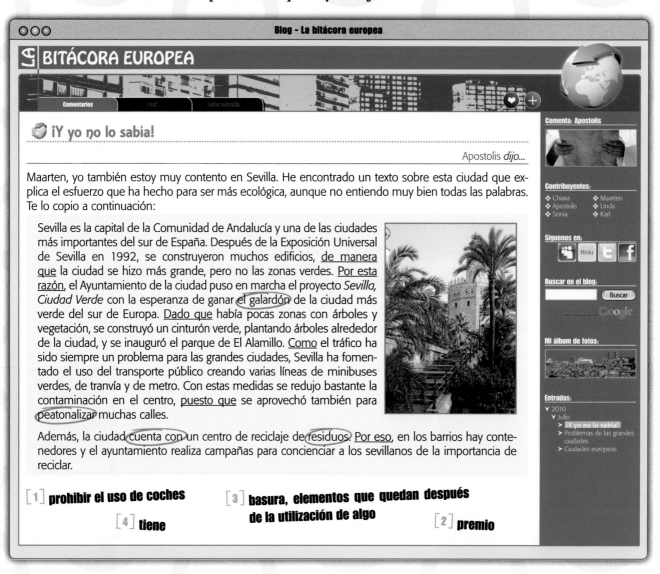

○○○   Blog - La bitácora europea

⑤ BITÁCORA EUROPEA

Comentarios   Perfil   Editar entrada

Comenta: Apostolis

◉ ¡Y yo no lo sabía!

Apostolis *dijo...*

Maarten, yo también estoy muy contento en Sevilla. He encontrado un texto sobre esta ciudad que explica el esfuerzo que ha hecho para ser más ecológica, aunque no entiendo muy bien todas las palabras. Te lo copio a continuación:

Sevilla es la capital de la Comunidad de Andalucía y una de las ciudades más importantes del sur de España. Después de la Exposición Universal de Sevilla en 1992, se construyeron muchos edificios, <u>de manera que</u> la ciudad se hizo más grande, pero no las zonas verdes. <u>Por esta razón</u>, el Ayuntamiento de la ciudad puso en marcha el proyecto *Sevilla, Ciudad Verde* con la esperanza de ganar el galardón de la ciudad más verde del sur de Europa. <u>Dado que</u> había pocas zonas con árboles y vegetación, se construyó un cinturón verde, plantando árboles alrededor de la ciudad, y se inauguró el parque de El Alamillo. <u>Como</u> el tráfico ha sido siempre un problema para las grandes ciudades, Sevilla ha fomentado el uso del transporte público creando varias líneas de minibuses verdes, de tranvía y de metro. Con estas medidas se redujo bastante la contaminación en el centro, <u>puesto que</u> se aprovechó también para peatonalizar muchas calles.

Además, la ciudad cuenta con un centro de reciclaje de residuos. <u>Por eso</u>, en los barrios hay contenedores y el ayuntamiento realiza campañas para concienciar a los sevillanos de la importancia de reciclar.

Contribuyentes:
- ❖ Chiara   ❖ Maarten
- ❖ Apostolis   ❖ Linda
- ❖ Sonia   ❖ Karl

Síguenos en:

Buscar en el blog:
Buscar
Google

Mi álbum de fotos:

Entradas:
- ▼ 2010
  - ▼ Julio
    - ➤ ¡Y yo no lo sabía!
    - ➤ Problemas de las grandes ciudades
    - ➤ Ciudades europeas

[1] **prohibir el uso de coches**

[3] **basura, elementos que quedan después de la utilización de algo**

[4] **tiene**

[2] **premio**

3.3.1. **En el texto sobre Sevilla hay unos conectores subrayados que sirven para expresar la relación entre la causa y la consecuencia. Obsérvalos y clasifícalos.**

▷ La causa y la consecuencia

Introducen la causa	Introducen la consecuencia	
– porque	– por tanto	– ....
–	– por consiguiente	– ....
–	– en consecuencia	– ....
–	– de modo que	

Fíjate:

Como siempre va al principio de la frase y la causa que introduce es, supuestamente, una información conocida por el interlocutor.

- *Como hay carril bici, puedo ir a clase en bicicleta.*

Unidad 2

3.4. 🔊 [4] **Sonia ha insertado un archivo sonoro en el blog para hablarnos de Madrid. Escucha y completa la causa o la consecuencia, según corresponda.**

Causa	Consecuencia
[1] El tráfico es caótico y hay atascos en hora punta.	[1] ....
[2]	[2] La superficie quedó libre de coches.
[3] Madrid no tiene mar.	[3] ....
[4]	[4] Se facilitó el uso de la bicicleta.
[5] Madrid se esfuerza por ser una ciudad más ecológica.	[5] ....
[6]	[6] Se puede ir de un extremo a otro de la ciudad sin utilizar el coche.

3.4.1. ✏️ **Observa el cuadro que has completado sobre Madrid y une con un conector cada causa con su consecuencia para formar una frase.**

[1] ....
[2] ....
[3] ....
[4] ....
[5] ....
[6] ....

4 Si vas a mi ciudad

4.1. 📖 **Chiara ha escrito una nueva entrada en el blog para hacer algunas recomendaciones a los estudiantes que quieran visitar su ciudad, Bolonia. Léela y clasifica sus sugerencias según su relación con monumentos, ocio, gastronomía y fiestas.**

○○○ **Blog - La bitácora europea**

BITÁCORA EUROPEA

Comentarios | Post | Editar entrada

🌍 **Si vas a mi ciudad**

¡Hola!

Bolonia es una ciudad preciosa con mucho ambiente estudiantil. Si vas a mi ciudad, visita la universidad: es la más antigua de toda Europa. Allí estudiaron Dante, Erasmo y Copérnico. Si paseas por la ciudad, observa los edificios con los tejados rojos y las plazas estrechas del casco antiguo; son una obra de arte. Si te gustan las iglesias, no dejes de visitar la Basílica di San Petronio y la Basílica di Santo Stefano; en esta última hay catacumbas. Es importante tener cuidado porque se prohíbe que los visitantes coman cerca de los monumentos para evitar la concentración de palomas. También es verdad que a la mayoría de la gente le da igual que no se pueda comer.

Si quieres disfrutar de la vida nocturna de la ciudad, ve a los bares y discotecas del centro, te divertirás muchísimo. Si te interesa la gastronomía para probar los platos típicos de la ciudad, entra en cualquier restaurante y pide *tortellini* a la boloñesa y bebe una copa de vino Sangiovese, seguro que te gustará. Por último, si todavía no sabes cómo es una fiesta internacional, no te pierdas los jueves la fiesta Erasmus que se organiza en la zona de la Plaza de Verdi. Espero que esta información sea útil para todos aquellos que queráis visitar mi ciudad.

Publicado por Chiara a las 18:27 PM - *2 comentarios*

Comenta: Chiara

Contribuyentes:
❖ Chiara ❖ Maarten
❖ Apostolis ❖ Linda
❖ Sonia ❖ Karl

Buscar en el blog:
[   ] [Buscar]
Google

Mi álbum de fotos:

Entradas:
▼ 2010
  ▼ Julio
    ➤ Si vas a mi ciudad
    ➤ ¡Y yo no lo sabía!
    ➤ Problemas de las grandes ciudades
    ➤ Ciudades europeas

Monumentos	Ocio	Gastronomía	Fiestas
- Visitar la universidad.			

4.1.1. **R** **Fíjate en las frases que utiliza Chiara y completa este esquema.**

>> **Recomendaciones y prohibiciones**

1. Para hacer recomendaciones podemos utilizar la estructura:

Si + presente de .... → ....

Completa los ejemplos de Chiara:
- Si .... a mi ciudad, ... la universidad.
- Si .... las iglesias, ... de visitar la Basílica di San Petronio.

2. Busca en el texto:
- una frase que exprese prohibición: ....
- una frase que rechace la prohibición: ....

4.2. Linda y Karl también han escrito recomendaciones sobre sus ciudades: Lund y Colonia. Para conocerlas, tu profesor te dirá lo que tienes que hacer.

1. Monumentos

2. Ocio

3. Gastronomía

4. Fiestas

5. Prohibiciones

Lund (Suecia)

Colonia (Alemania)

4.2.1. **Vuelve a leer las recomendaciones y piensa cuáles se refieren a Lund y cuáles a Colonia. Discútelo con tus compañeros.**

4.2.2. Dividid la clase en dos grupos. Uno se encargará de escribir las recomendaciones para visitar Lund y el otro, Colonia.

4.3. ¿Tienes alguna recomendación para ir a tu ciudad? Coméntalo con la clase.

4.3.1. Escribe un texto para colgar en una página de Internet dirigida a futuros estudiantes Erasmus. Da la información necesaria sobre tu ciudad y no olvides incluir recomendaciones.

4.4. El programa Erasmus tiene, entre otros objetivos, el conocimiento de la lengua y la cultura del país de acogida, ¿crees que se consigue? Lee estas opiniones que algunos estudiantes Erasmus han escrito en su blog o en alguna red social y di si estás de acuerdo o no.

	Estoy de acuerdo	Estoy parcialmente de acuerdo	No estoy de acuerdo
1. Los primeros meses son duros porque no conoces bien el idioma.	☐	☐	☐
2. En muchos de los países se habla inglés y no te esfuerzas por conocer la lengua del país en el que estás.	☐	☐	☐
3. Los estudiantes Erasmus se relacionan entre ellos y es difícil salir de ese círculo para conocer gente local y su cultura.	☐	☐	☐
4. Muchos días no tienes clase y tienes mucha facilidad para viajar y conocer otras ciudades y países cercanos.	☐	☐	☐
5. Con los amigos Erasmus creas una familia en poco tiempo y cuando hay despedidas, sientes vacío, tristeza.	☐	☐	☐
6. Aprender el idioma y conocer la cultura del país depende del interés y el esfuerzo del estudiante.	☐	☐	☐
7. Todos los estudiantes deberían vivir una experiencia Erasmus. Aquellos que no aprovechen la oportunidad, se arrepentirán.	☐	☐	☐

4.4.1. Compara tus respuestas con la clase. ¿Pensáis igual?

5 Tu blog

5.1. Y tú, ¿tienes algo que quieras compartir con tus compañeros? Participa en el blog con una entrada. Puedes escribir reflexiones, comentarios, opiniones..., todo aquello que te haya podido sugerir esta unidad.

Unidad 3

La bitácora curiosa

○○○

Tareas:
- Participar en un blog.
- Elegir los trabajos más raros.
- Participar en una consultoría gramatical.
- Establecer prioridades en diferentes temas.

Contenidos funcionales:
- Dar información.
- Pedir información.
- Expresar finalidad.
- Expresar hipótesis en el futuro.

Contenidos lingüísticos:
- Condicional simple para expresar acción futura como hipótesis.
- *Para/para que.*
- Adverbios relativos e interrogativos.
- Conjunciones concesivas factuales (+ indicativo).

Contenidos léxicos:
- Léxico relacionado con el trabajo.

Contenidos culturales:
- Profesiones consideradas raras.
- La gramática y los diccionarios de la RAE.

I | Trabajos raros

●●●

1.1. **Mira la siguiente entrada en el blog: ¿habías oído hablar de este trabajo? ¿Conoces otros que te parezcan sorprendentes? Háblalo con la clase.**

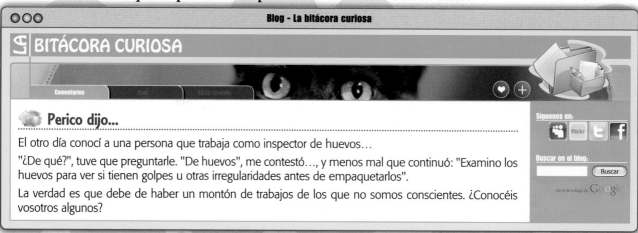

○○○ **Blog - La bitácora curiosa**

BITÁCORA CURIOSA

Comentarios

🐱 Perico dijo...

El otro día conocí a una persona que trabaja como inspector de huevos…

"¿De qué?", tuve que preguntarle. "De huevos", me contestó…, y menos mal que continuó: "Examino los huevos para ver si tienen golpes u otras irregularidades antes de empaquetarlos".

La verdad es que debe de haber un montón de trabajos de los que no somos conscientes. ¿Conocéis vosotros algunos?

Síguenos en:

Buscar en el blog:

1.1.1. **Un participante contribuye a la pregunta de Perico. Lee su respuesta y, con tu compañero, imagina en qué consisten esos trabajos.**

○○○ **Blog - La bitácora curiosa**

BITÁCORA CURIOSA

Comentarios

🐱 Penélope dijo...

Perico, aquí te dejo una pequeña lista:

1. Inspectores de patatas fritas.
2. Modelos de pies.
3. Buzos de pelotas de golf.
4. Médicos de muñecas.
5. Inspectores de dados.
6. Ojeadores de toros.

Síguenos en:

Buscar en el blog:

1.1.2. Relaciona esta información con las profesiones anteriores y comprueba tus hipótesis.

1 ....

Prestan sus pies **para hacer** anuncios publicitarios de calzados, lociones y otros productos relacionados.

2 ....

Revisan los ángulos de los dados que se usan en los casinos **para que no causen** errores al ser lanzados.

3 ....

Reparan, vuelven a pintar y rearman las partes de las muñecas que se han perdido, que se han roto o que se han dañado. Normalmente son muñecas antiguas de gran valor económico o sentimental.

4 ....

Supervisan estos productos en la línea de montaje y los revisan **para que no haya** patatas quemadas o de mala calidad.

5 ....

En España, el ojeador tiene por misión ir al campo **para seleccionar** a los toros de las corridas. Es un trabajo bien pagado y se realiza solo seis meses al año, periodo que dura la temporada taurina.

6 ....

Buscan en las profundidades de los depósitos de agua de los campos de golf las pelotas que se han perdido **para recomponerlas y revenderlas**.

1.2. Vuelve a leer la descripción de las profesiones y completa el siguiente cuadro con algún ejemplo de los textos.

> **Dar información: expresar la finalidad**
>
> ■ *Para +* ....
> — ....
>
> ■ *Para que +* ....
> — ....

1.3. Lee la siguiente entrada del blog: ¿para qué crees que están buscando a esa persona? Habla con tus compañeros.

Blog - La bitácora curiosa

BITÁCORA CURIOSA

Comentarios

Internauta dijo...

Pues hablando de trabajos sorprendentes, aquí os copio una convocatoria de un trabajo bastante sugerente que he visto en Internet...

El estado de Queensland, en Australia, está buscando a una persona para vivir en la isla Hamilton ubicada en la gran barrera de coral.

Hamilton
Australia

Síguenos en:
flickr

Buscar en el blog:
Buscar
con la tecnología de Google

1.3.1. ✎ **Imagina que quieres participar en el *casting* para conseguir este trabajo. ¿Qué preguntas te gustaría hacer para tener información sobre los siguientes aspectos?**

1.- Tiempo y horario:

2.- Finalidad/Funciones:

3.- Destinatarios/Requisitos:

4.- Remuneración:

5.- Otros:

Recuerda:

- *¿Desde cuándo?* (para preguntar por el inicio de una actividad).
- *¿Hasta cuándo?* (para preguntar por el término de una actividad).
- *¿Cuánto tiempo?* (para preguntar por la duración de una actividad).

1.3.2. 📖 **Lee al anuncio y contesta a tus preguntas anteriores.**

El departamento de Turismo de Australia para campaña publicitaria

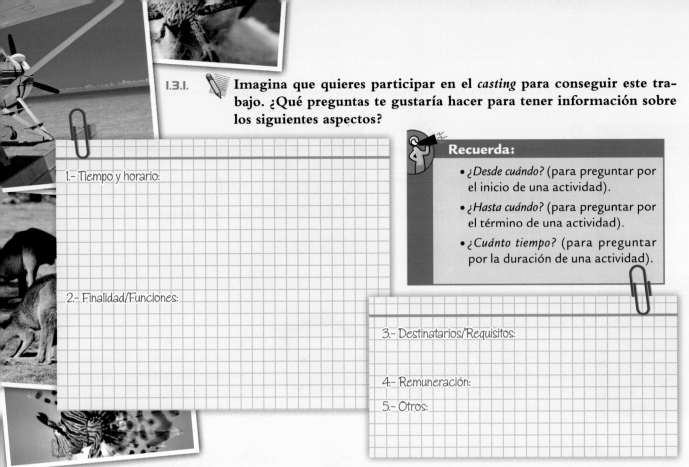

■ **Necesita:**

Cuidador de paradisíaca isla australiana.

■ **Ofrece:**

Para promocionar el turismo en la zona, se ofrece trabajo a quien esté dispuesto a pasar seis meses en sus arrecifes de coral, trabajar doce horas al mes y contar la experiencia por Internet, a través de un blog.

A cambio de dicha colaboración, se otorgará el pago de 105 000 dólares, hospedaje y transporte para moverse dentro de la isla.

■ **Requisitos:**

Pueden presentarse personas de cualquier nacionalidad. No se requiere experiencia previa ni una edad determinada. Deben saber nadar, bucear, estar dispuestos a hacer amistad con gente nueva, ser dinámicos y estar interesados en el mundo de los arrecifes de coral. Se valorará buen manejo del inglés.

Los interesados deberán completar un formulario, enviar una fotografía y un vídeo de 60 segundos donde expliquen en inglés el porqué de su interés en trabajar en la gran barrera de coral. El ganador iniciará su trabajo el día 1 de julio. Las inscripciones finalizan el 22 de febrero.

I.3.3. Lee la siguiente entrada de Internauta. ¿Qué significa la expresión "por nada del mundo"? Habla con tus compañeros.

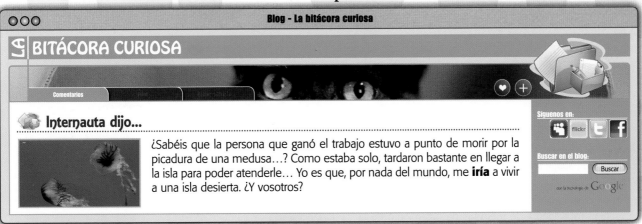

000 Blog - La bitácora curiosa

LA BITÁCORA CURIOSA

Comentarios

🐷 **Internauta dijo...**

¿Sabéis que la persona que ganó el trabajo estuvo a punto de morir por la picadura de una medusa…? Como estaba solo, tardaron bastante en llegar a la isla para poder atenderle… Yo es que, por nada del mundo, me **iría** a vivir a una isla desierta. ¿Y vosotros?

Síguenos en:

Buscar en el blog:
[Buscar]
con la tecnología de Google

I.3.4. **R** Fíjate en el verbo resaltado para completar el siguiente cuadro.

▷ **Expresar hipótesis en el futuro**

El tiempo verbal que usamos para expresar hipótesis en el futuro es el ....

I.3.5. 📖 En el blog nos proponen en siguiente test. Léelo, marca tus opciones y escribe tres situaciones más.

Por nada del mundo...

1. me comería algo que odio. »»»»»»»»»»»»»»»»»»»»»»»»»»»»»»»»»» ☐
2. publicaría documentos comprometidos sobre personajes famosos. »»» ☐
3. mentiría. »»»»»»»»»»»»»»»»»»»»»»»»»»»»»»»»»»»»»»» ☐
4. comería carne humana. »»»»»»»»»»»»»»»»»»»»»»»»» ☐
5. me enfrentaría a un ladrón que está robando en mi casa. »»»»»» ☐
6. me haría pasar por otra persona. »»»»»»»»»»»»»»»»» ☐
7. robaría. »»»»»»»»»»»»»»»»»»»»»»»»»»»»»»»»»»»»»» ☐
8. me iría de vacaciones a un *camping*. »»»»»»»»»»»»»»» ☐
9. aceptaría un trabajo con una jornada laboral de más de ocho horas. »» ☐
10.
11.
12.

I.3.6. 💬 Comenta con tus compañeros lo que has elegido y lo que no. Explica por qué.

▶ Pues yo no he elegido la número 1 porque si mi vida corre peligro, creo que sí comería algo que odio. O, por ejemplo, si estoy en una cena muy formal y es lo único que hay para comer, pues lo comería...

▶ Pues yo, en esa situación, no creo... Yo diría que lo siento mucho, pero que soy alérgica.

I.4. El siguiente participante, Angona, nos propone una adivinanza. Léela y contesta: ¿a qué crees que se dedica?

Blog - La bitácora curiosa

BITÁCORA CURIOSA

Comentarios

🐱 Angona dijo...

A ver si adivináis a qué me dedico.
Para ir a trabajar solo tengo que cambiar de habitación.

Mis herramientas de trabajo son:
1. una máquina electrónica dotada de una memoria de gran capacidad y de métodos de tratamiento de la información;
2. una línea de acceso a Internet de banda ancha.

Para mi trabajo son fundamentales:
1. los "clientes". Ellos preguntan y yo respondo;
2. los siguientes libros:

Síguenos en:

Buscar en el blog:
Buscar
con la tecnología de Google

Mi álbum de fotos:

I.4.1. Escucha a Angona que nos habla de su trabajo. ¿Habías acertado la adivinanza?

I.4.2. Mira la portada de los libros de la actividad 1.4. Para saber la diferencia entre los tres tipos de libros, tu profesor te dirá qué tienes que hacer.

I.4.3. Angona nos ha mandado algunos ejemplos de las preguntas que le hacen sus clientes. Léelas: ¿serías capaz de contestar? Trabaja con tu compañero.

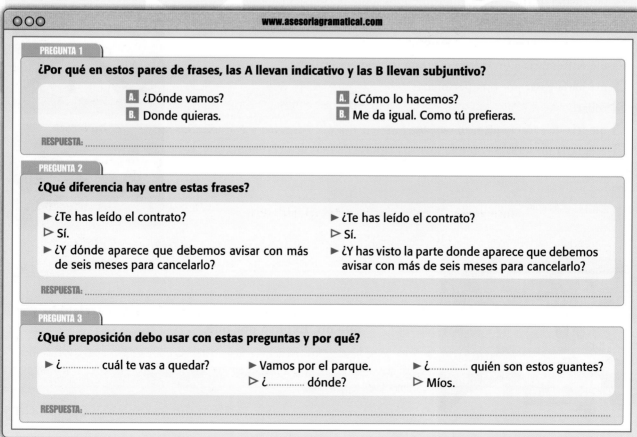

www.asesoriagramatical.com

PREGUNTA 1

¿Por qué en estos pares de frases, las A llevan indicativo y las B llevan subjuntivo?

A. ¿Dónde vamos?
B. Donde quieras.

A. ¿Cómo lo hacemos?
B. Me da igual. Como tú prefieras.

RESPUESTA: ....

PREGUNTA 2

¿Qué diferencia hay entre estas frases?

▶ ¿Te has leído el contrato?
▷ Sí.
▶ ¿Y dónde aparece que debemos avisar con más de seis meses para cancelarlo?

▶ ¿Te has leído el contrato?
▷ Sí.
▶ ¿Y has visto la parte donde aparece que debemos avisar con más de seis meses para cancelarlo?

RESPUESTA: ....

PREGUNTA 3

¿Qué preposición debo usar con estas preguntas y por qué?

▶ ¿............... cuál te vas a quedar?

▶ Vamos por el parque.
▷ ¿............... dónde?

▶ ¿............... quién son estos guantes?
▷ Míos.

RESPUESTA: ....

1.4.4.  Poned en común vuestras respuestas anteriores.

2 Prioridades

2.1. Lee el siguiente tema que nos proponen en el blog y señala tus prioridades (ordena de más a menos).

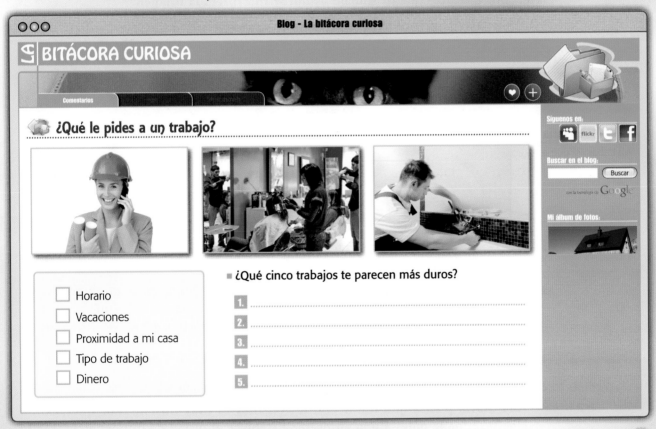

Blog - La bitácora curiosa

LA BITÁCORA CURIOSA

Comentarios

🐷 ¿Qué le pides a un trabajo?

Síguenos en:

Buscar en el blog:

con la tecnología de Google

Mi álbum de fotos:

☐ Horario
☐ Vacaciones
☐ Proximidad a mi casa
☐ Tipo de trabajo
☐ Dinero

■ ¿Qué cinco trabajos te parecen más duros?

1. ....
2. ....
3. ....
4. ....
5. ....

2.1.1. Explica a tu compañero tus prioridades y escucha las suyas: ¿coincidís?

2.1.2. [6] Escucha a este participante del blog contestar a las preguntas anteriores. Escribe su lista de prioridades.

¿Qué le pides a un trabajo? ¿Cómo sería tu trabajo ideal?	¿Qué cinco trabajos te parecen más duros?
[1]	[1] ....
[2]	[2] ....
[3]	[3] ....
[4]	[4] ....
[5]	[5] ....

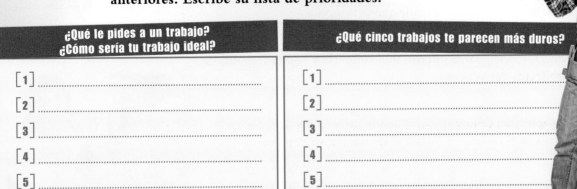

2.1.3. 🔊 [6] **Vuelve a escuchar y escribe las razones por las que los trabajos anteriores le parecen difíciles. ¿Estás de acuerdo con él?**

[1] ....
[2] ....
[3] ....
[4] ....
[5] ....

2.2. **Ana María nos manda un dibujo de su trabajo. Lee su mensaje, y habla con la clase: ¿por qué dice que su trabajo es duro? Interpreta la imagen.**

2.2.1. 📖 **Ana María piensa que tratar con los clientes es muy difícil. ¿Por qué? Como cliente, ¿qué le pides a una empresa? Establece el orden de importancia, según tu opinión.**

☐ **Cortesía**
El cliente desea siempre ser bien recibido, sentirse importante.

☐ **Atención rápida**
A nadie le agrada esperar o sentir que se le ignora.

☐ **Confiabilidad y personal bien informado**
Los clientes esperan una información completa y segura respecto de los productos que venden.

☐ **Atención personal**
A los clientes les disgusta sentir que son un número. Una forma de personalizar el servicio es llamar al cliente por su nombre.

☐ **Simpatía**
El trato comercial con el cliente no debe ser frío ni distante.

2.2.2. 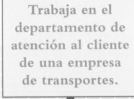 **Compara tus respuestas con la clase: ¿estáis de acuerdo?**

2.2.3. ¿Y qué piensan los trabajadores de los clientes? Para contestar a esta pregunta tu profesor te dirá lo que tienes que hacer.

3 Anécdotas en el trabajo

3.1. Las siguientes personas han mandado algunas anécdotas relacionadas con su trabajo. Léelas y relaciónalas con sus profesiones. Escribe su nombre en el espacio en blanco.

Taquillero de metro.	Trabaja en el departamento de atención al cliente de una empresa de transportes.	Trabaja en la telecabina de una autopista de peaje.	Recepcionista de una escuela de inglés.

 ①

 ②

 ③

 ④

Merche
Trabajo en… y aunque es un poco agobiante pasar tanto tiempo metida en un espacio tan pequeño, tiene sus cosas positivas: puedes ver la tele, leer, y a veces, como la gente tiene tanta prisa, no espera a que le des la vuelta. Lo más raro que me ha pasado fue una vez que una mujer, que decía que no llevaba dinero, quería pagarme con galletitas…

Pedro
Lo peor de mi trabajo es que no puedo ver la luz del día en ocho horas, y aunque el trabajo es un poco aburrido, me gusta porque me deja tiempo para estudiar. Bueno, también pasan cosas graciosas. Un día iba una abuela con su nieto y esta compró solo un billete, así es que le pregunté por la edad del niño y me contestó que tenía tres años y medio… El niño la miró y le dijo: Abuela, que ya tengo 4… A lo que la abuela contestó: "¡Anda! ¿Y cuándo los has cumplido?".

Continúa ▷

Etapa 8. Nivel B1.3

29
[veintinueve]

Elisabeth

Aunque hablo bastante bien español, a veces tengo problemas con algunas palabras. Me acuerdo que un día un alumno muy enfadado me dijo, en español, que quería cambiarse de clase porque estaba atestada[1], y yo entendí apestada[2].

[1]atestada/a: estar lleno de gente.
[2]apestado/a: oler mal.

Marcos

Trabajo en el departamento de atención al cliente de una empresa de transportes, trabajo exactamente en el departamento de quejas, y aunque tengo un montón de anécdotas que contar, hay una que recuerdo especialmente. Era un hombre que pedía, por favor, que no dejáramos entrar en el tren de las 7.30 de la mañana a un grupo de mujeres porque hablaban demasiado alto.

3.1.1. **Lee la siguiente explicación, después vuelve a leer las anécdotas anteriores y selecciona la información sobre su trabajo que el hablante no quiere que se olvide.**

Para hablar de hechos que se consideran importantes

Aunque + verbo en indicativo

Las frases con *aunque* + indicativo introducen un hecho que el hablante ofrece como una información importante.

1. **Merche:** trabaja en la telecabina de una autopista de peaje.	— Su trabajo es agobiante.
2. **Pedro:** taquillero de metro.	—
3. **Elisabeth:** recepcionista de una escuela de inglés.	—
4. **Marcos:** trabaja en el departamento de atención al cliente en la recepción de quejas.	—

3.1.2.  ¿Cuál de las anteriores anécdotas te parece más curiosa? ¿Tienes tú alguna? Habla con la clase.

4 Tu blog

4.1. Y tú, ¿tienes algo que quieras compartir con tus compañeros? Participa en el blog con una entrada. Puedes escribir reflexiones, comentarios, opiniones..., todo aquello que te haya podido sugerir esta unidad.

Unidad 4

La bitácora soñadora

Tareas:
- Participar en un blog.
- Conocer los planes y proyectos de las personas de la clase.
- Conocer nuestra actitud ante los cambios y etapas de la vida.
- Escribir diálogos que reflejen problemas de la vida actual.

Contenidos funcionales:
- Hablar de planes, intenciones y proyectos para el futuro.
- Expresar el momento en que ocurre una acción.

Contenidos lingüísticos:
- *Cuando/en cuanto* + presente de subjuntivo.
- Repaso del futuro imperfecto.
- *Pienso* + infinitivo.
- *Estoy pensando en...*
- *Tengo (la) intención de...*
- *Mi intención es...*

Contenidos léxicos:
- Léxico relacionado con el paso del tiempo: etapas de la vida, cambios físicos...

Contenidos culturales:
- Estilos de vida.
- El síndrome de Peter Pan.

1 Planes y proyectos

1.1. Mira estos referentes temporales y ordénalos según este criterio: de más cercano al presente al más lejano. Después sigue las instrucciones de tu profesor.

> pasado mañana ■ mañana ■ en 2014 ■ el mes que viene
> dentro de dos años ■ dentro de seis semanas

1.2. Mira la siguiente página del blog, lee los dos mensajes y descubre cuál es el tema: fíjate en las partes resaltadas y completa los espacios en blanco del archivo. Trabaja con tu compañero.

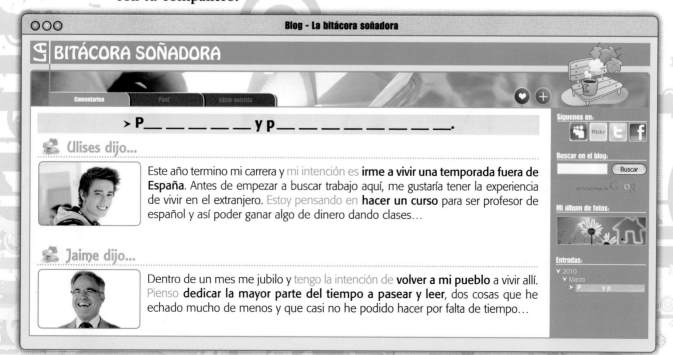

> Blog - La bitácora soñadora
>
> **BITÁCORA SOÑADORA**
>
> Comentarios | Post | Editar entrada
>
> **> P_ _ _ _ _ _ y p_ _ _ _ _ _ _ _ _ _ .**
>
> **Ulises dijo...**
>
> Este año termino mi carrera y mi intención es **irme a vivir una temporada fuera de España**. Antes de empezar a buscar trabajo aquí, me gustaría tener la experiencia de vivir en el extranjero. Estoy pensando en **hacer un curso** para ser profesor de español y así poder ganar algo de dinero dando clases...
>
> **Jaime dijo...**
>
> Dentro de un mes me jubilo y tengo la intención de **volver a mi pueblo** a vivir allí. Pienso **dedicar la mayor parte del tiempo a pasear y leer**, dos cosas que he echado mucho de menos y que casi no he podido hacer por falta de tiempo...
>
> Síguenos en:
> flickr
>
> Buscar en el blog:
> Buscar
>
> Mi álbum de fotos:
>
> Entradas:
> ▼ 2010
>   ▼ Marzo
>   ▶ P_ _ _ y P_

1.2.1. Fíjate en las estructuras que podemos usar para expresar planes y proyectos, completa las frases y escribe en el espacio de la derecha el nombre del compañero que crees que tiene esa intención.

¿Quién crees que...

- piensa pasar toda la tarde viendo la tele? ➡ ....
- está pensando en cambiar de coche? ➡ ....
- tiene la intención de vivir en un país de habla hispana? ➡ ....
- .... comprarse una casa? ➡ ....
- .... casarse pronto? ➡ ....
- .... tener muchos hijos? ➡ ....
- .... cambiar de trabajo? ➡ ....
- .... tomarse un año sabático? ➡ ....

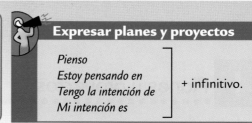

Expresar planes y proyectos

Pienso Estoy pensando en Tengo la intención de Mi intención es	+ infinitivo.

1.2.2. Levántate y pregunta a tus compañeros para comprobar tus respuestas anteriores.

2 Cuando...

2.1. Mira los datos de los siguientes participantes en el blog, escucha la grabación con sus proyectos y relaciónalos. Escribe el número de mensaje en el espacio en blanco.

Blog - La bitácora soñadora

LA BITÁCORA SOÑADORA

Comentarios | Post | Editar entrada

Síguenos en: flickr

Buscar en el blog: [ ] Buscar

Mi álbum de fotos:

☐ **a. Francisco**
Argentino, 28 años, camarero. Casado con Mathilda, alemana, cocinera. Vive en Buenos Aires. No tiene hijos.

☐ **b. Yolanda**
Mexicana, 38 años, ingeniera informática. Casada con Diego, de Venezuela, abogado. Tiene un hijo de 15 años: Marco. Vive en Nueva York.

☐ **c. Graciela**
Colombiana, 45 años, médica. Casada con José María, cubano, profesor. Tiene una hija: Marta, de 18 años. Vive en Bogotá.

☐ **d. Germán**
Uruguayo, 36 años, profesor. Soltero. Vive en Montevideo con su hermana, Clarisa, y su sobrino.

☐ **e. Humberto**
Chileno, 23 años, estudiante. Vive en Londres con su novia Samantha.

2.1.1. **Vuelve a escuchar y contesta a las siguientes preguntas. Escribe el nombre de la persona en el espacio en blanco.**

Francisco

Yolanda

Graciela

Germán

Humberto

¿Quién...

[1] tendrá un bebé? ➡ ....

[2] volverá a su país y buscará trabajo? ➡ ....

[3] terminará un libro y tendrá un mes de vacaciones? ➡ ....

[4] tiene una hija que empezará la universidad en España? ➡ ....

[5] volverá a su trabajo de México? ➡ ....

2.2. **Lee los siguientes mensajes de los personajes anteriores: complétalos y habla con tu compañero: ¿a qué personas pertenecen?**

1. Cuando nazca mi hijo, dormiré muy poco durante algunos meses y .... (cambiar) muchos pañales.

2. Cuando vuelva a México, ... (buscar) colegio para mi hijo y .... (volver) a ver a mis antiguos amigos.

3. Cuando termine el libro, ... (tumbarse) al sol y no .... (pensar) en nada durante un mes.

4. Cuando vuelva a mi país, ... (tener) que buscar trabajo: .... (enviar) currículos y .... (hacer) entrevistas de trabajo.

5. Cuando mi hija se vaya a la universidad, ... (sentirme) sola durante algún tiempo, pero también .... (viajar) a España.

2.2.1. **Mira las frases anteriores y completa.**

▷ **Planes y proyectos en el futuro**

- Si usamos *cuando* para hablar de planes y proyectos en el futuro, el tiempo y modo del verbo de la frase que depende de *cuando*, va en .... (1).

  – ....

- El verbo de la otra frase va en .... (2). También podemos usar la perífrasis de futuro: *ir + a* + infinitivo, o el presente de indicativo, con valor de futuro.

  – ....

  – Cuando .... (terminar) este curso, voy a hablar español correctamente. (3)

  – Cuando .... (salir) de clase, te llamo. (4)

2.2.2. Para practicar lo anterior, te proponemos un juego: mira las fotos, elige una e imagina sus proyectos relacionados con los temas que aparecen debajo. Cuéntaselos a tus compañeros para que adivinen qué personaje es.

volver a mi país ■ terminar este curso ■ coger vacaciones ■ tener tiempo
ser viejo/a ■ tener dinero ■ jubilarme

– Pues mi personaje, cuando vuelva a su país...

2.3. Mira la siguiente entrada de Yolanda. ¿Sabes qué representa la imagen? ¿Has oído hablar del "Síndrome de Peter Pan"?

2.3.1. Lee el mensaje de Yolanda, fíjate en las palabras resaltadas: ¿cuál es su significado? Completa los espacios en blanco.

[1] ....: expresión coloquial que significa "es el momento de....".

[2] ....: trabajar para ganar dinero y poder vivir de él.

[3] ....: vivir del dinero que se recibe de otras personas.

2.3.2. El síndrome de Peter Pan es el miedo a hacerse mayor; estas son algunas de las características de las personas que lo "sufren". ¿Qué crees que significan? Habla con tus compañeros.

[1] comodidad

[2] gusto por la juventud

[3] miedo a comprometerse

[4] búsqueda de afecto

[5] egoísmo

[6] inseguridad

[7] rechazo a la paternidad/maternidad

2.3.3. Para comprobar tus hipótesis anteriores, sigue las instrucciones de tu profesor.

3 Las etapas de la vida

3.1. Mira la siguiente entrada del blog. Horacio propone un debate: ventajas e inconvenientes de la vida adulta. Lee las siguientes frases y discute con tus compañeros si para ti representan algo positivo o negativo.

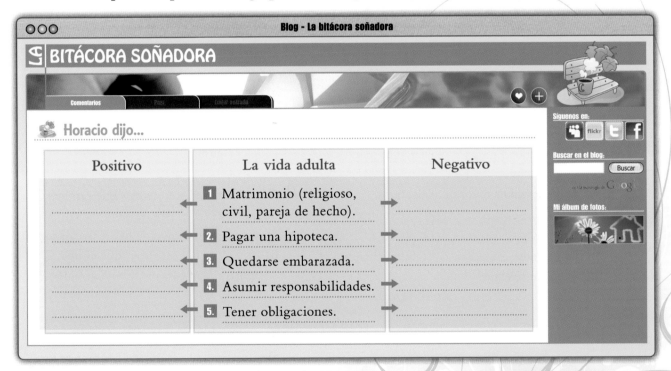

Blog - La bitácora soñadora

BITÁCORA SOÑADORA

Comentarios

Horacio dijo...

Síguenos en:

Buscar en el blog:
[ ] Buscar

Mi álbum de fotos:

Positivo	La vida adulta	Negativo
	1 Matrimonio (religioso, civil, pareja de hecho).	
	2. Pagar una hipoteca.	
	3. Quedarse embarazada.	
	4. Asumir responsabilidades.	
	5. Tener obligaciones.	

3.2. [8] Escucha a dos participantes discutir sobre los aspectos positivos y negativos de las acciones anteriores. Escribe en la columna correspondiente (positivo o negativo) las palabras clave que, para ti, resumen la opinión de las dos personas.

3.2.1. ¿Con quién estás de acuerdo? ¿Qué otros aspectos, positivos o negativos, crees que tiene la vida adulta? Discute con la clase.

3.2.2. **[8]** **Vuelve a escuchar la grabación anterior y completa las siguientes frases.**

[1] Cuando alguien te .... que quiere casarse contigo, ...
que quiere pasar el resto de la vida contigo.

[2] Cuando .... tu vida con una persona, ... parte
de libertad.

[3] Cuando .... hijos, te .... mucho la vida: no tienes tiempo
para ti.

Cuando + presente de indicativo

Fíjate que si usamos *cuando* para hablar de hábitos, generalidades en el presente o
acciones atemporales, los verbos de las frases se usan en presente de indicativo.

3.3. En el blog, Germán nos ha propuesto un test para saber si nos es fácil cambiar de
etapa en la vida. Lee el cuestionario, complétalo escribiendo el verbo en el tiempo
y modo adecuado y pregunta a tu compañero.

1. Cuando .... (terminar) la universidad,
a) ¿te cogerás un año sabático para viajar?
b) ¿...................... (empezar) a buscar
trabajo?

2. Cuando .... (volver) a tu país,
¿crees que
a) te será fácil volver a adaptarte?
b) .... (sentirse) extraño/a?

3. Cuando .... (cumplir) años,
a) ¿lo celebras?
b) ¿...................... (deprimirse)?

4. Cuando .... (tener) nietos,
¿crees que
a) .... (pensar) que eres más
viejo/a?
b) .... (ser) una alegría tan
grande que sentirás que tienes más
energía?

5. Cuando .... (ser) viejo/a,
¿crees que
a) dejarás de tener ganas de hacer cosas?
b) .... (aprovechar) el tiempo
libre para hacer cosas que no podías
hacer antes?

6. Cuando .... (tener) que cambiar
de trabajo,
a) ¿tienes la sensación de haber fracasado?
b) ¿...................... (pensar) que es una
oportunidad para empezar algo nuevo?

7. Cuando .... (cambiar) de centro
de estudios, de ciudad, de casa...
a) ¿...................... (alegrarse) porque es una
oportunidad de conocer gente nueva?
b) ¿tienes miedo?

8. Cuando .... (tener) diez años
más, ¿crees que
a) .... (tener) la sensación de
que el tiempo pasa rápido?
b) te .... (costar) aceptarlo?

Continúa ▷

Unidad 4

9. Cuando tus hijos .... (independizarse), ¿crees que

a) .... (tomárselo) como un cambio normal en tu vida?

b) te .... (costar) aceptarlo?

10. Cuando .... (mirarse) al espejo y ves que tu cuerpo está cambiando,

a) ¿no le das importancia?

b) ¿............................ (sentir) que te estás haciendo mayor?

3.3.1. Compara tus respuestas con las de tu compañero: ¿quién crees que tiene más problemas para aceptar los cambios, tomar decisiones, asumir responsabilidades…? Cuéntaselo a la clase y explica por qué.

3.4. Mira la siguiente entrada en el blog. Almudena presenta un poema sobre las ventajas de envejecer. Léelo y, para comprobar que entiendes el vocabulario resaltado, tu profesor te dirá qué tienes que hacer.

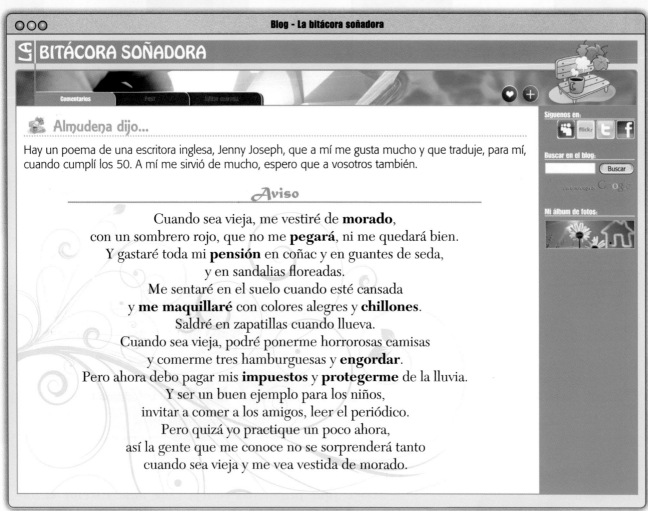

Blog - La bitácora soñadora

BITÁCORA SOÑADORA

Comentarios   Post   Editar entrada

Síguenos en: flickr

Almudena dijo...

Hay un poema de una escritora inglesa, Jenny Joseph, que a mí me gusta mucho y que traduje, para mí, cuando cumplí los 50. A mí me sirvió de mucho, espero que a vosotros también.

Buscar en el blog:
[   ] (Buscar)

Mi álbum de fotos:

Aviso

Cuando sea vieja, me vestiré de **morado**,
con un sombrero rojo, que no me **pegará**, ni me quedará bien.
Y gastaré toda mi **pensión** en coñac y en guantes de seda,
y en sandalias floreadas.
Me sentaré en el suelo cuando esté cansada
y **me maquillaré** con colores alegres y **chillones**.
Saldré en zapatillas cuando llueva.
Cuando sea vieja, podré ponerme horrorosas camisas
y comerme tres hamburguesas y **engordar**.
Pero ahora debo pagar mis **impuestos** y **protegerme** de la lluvia.
Y ser un buen ejemplo para los niños,
invitar a comer a los amigos, leer el periódico.
Pero quizá yo practique un poco ahora,
así la gente que me conoce no se sorprenderá tanto
cuando sea vieja y me vea vestida de morado.

3.4.1. ¿Por qué crees que el poema se titula *Aviso*? ¿Qué tipo de persona te imaginas que es la protagonista del poema? Háblalo con la clase.

4.1. El siguiente participante hace una pregunta interesante. Léela y comenta la respuesta con la clase.

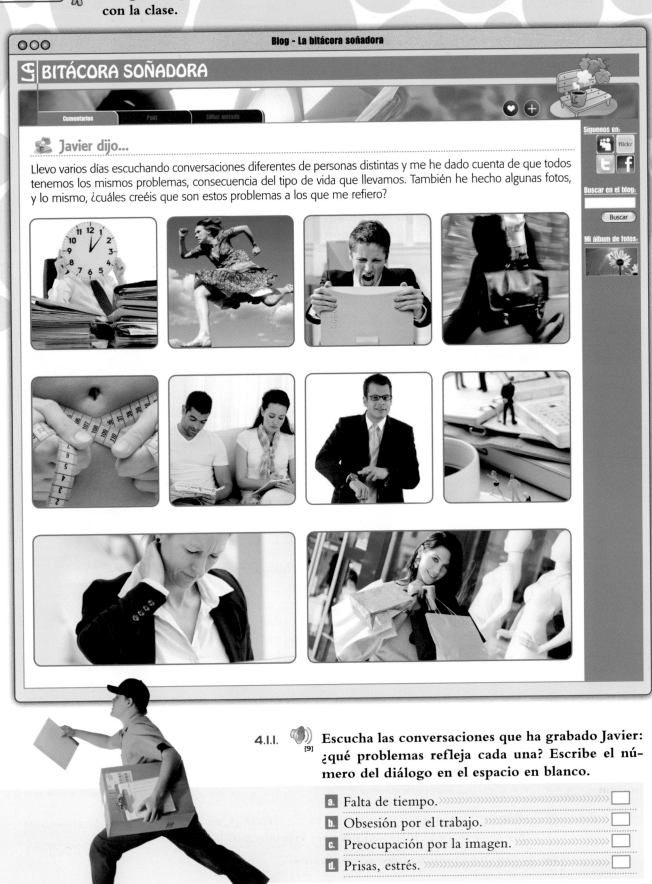

Blog - La bitácora soñadora

LA BITÁCORA SOÑADORA

Comentarios   Post   Últimas entradas

Javier dijo...

Llevo varios días escuchando conversaciones diferentes de personas distintas y me he dado cuenta de que todos tenemos los mismos problemas, consecuencia del tipo de vida que llevamos. También he hecho algunas fotos, y lo mismo, ¿cuáles creéis que son estos problemas a los que me refiero?

Síguenos en:

Buscar en el blog:

Buscar

Mi álbum de fotos:

4.1.1. Escucha las conversaciones que ha grabado Javier: ¿qué problemas refleja cada una? Escribe el número del diálogo en el espacio en blanco.

a. Falta de tiempo. ⟩⟩⟩⟩⟩⟩⟩⟩⟩⟩⟩⟩⟩⟩⟩⟩⟩⟩⟩ ☐

b. Obsesión por el trabajo. ⟩⟩⟩⟩⟩⟩⟩⟩⟩⟩⟩⟩ ☐

c. Preocupación por la imagen. ⟩⟩⟩⟩⟩⟩⟩ ☐

d. Prisas, estrés. ⟩⟩⟩⟩⟩⟩⟩⟩⟩⟩⟩⟩⟩⟩⟩⟩⟩⟩⟩⟩⟩⟩⟩ ☐

Unidad 4

4.1.2. [R] Mira la transcripción de los diálogos anteriores que te va a dar tu profesor y discute con tu compañero la respuesta a las siguientes preguntas. Después con la ayuda de tu profesor, completa el cuadro que tienes debajo.

[1] ¿Qué diferencia hay entre *cuando* y *cuándo*?   [2] ¿Qué significa *en cuanto*?

> **Preguntar por planes, intenciones y proyectos y responder**

cuando/cuándo

- Para preguntar por el tiempo en el que se va a realizar un plan o proyecto en el futuro, usamos el pronombre interrogativo (1) ....

  ¿........................ + futuro/perífrasis de futuro?

  — ....

cuando/en cuanto

- Para situar acciones en un tiempo futuro, usamos los marcadores temporales (2) .... y (3) ....

  .... / .... + presente de subjuntivo.

  — ....

- El marcador temporal (4) .... presenta un suceso como inmediatamente posterior a otro. Enfatiza la idea de inmediatez.

4.1.3. [✎] Con tu compañero, inventa un diálogo para cada uno de los temas de 4.1.1. Usa las conversaciones anteriores como modelo.

a. Falta de tiempo.   c. Preocupación por la imagen.
b. Obsesión por el trabajo.   d. Prisas, estrés.

4.1.4. [BLA] Elegid uno de los diálogos que habéis escrito y escenificadlo para el resto de la clase.

5 Tu blog

5.1. [⊕] Y tú, ¿tienes algo que quieras compartir con tus compañeros? Participa en el blog con una entrada. Puedes escribir reflexiones, comentarios, opiniones... todo aquello que te haya podido sugerir esta unidad.

Unidad 5

La bitácora existencial

Tareas:
- Participar en un blog.
- Elaborar un perfil profesional.
- Contar experiencias de riesgo.

Contenidos funcionales:
- Hablar de la personalidad y del carácter: describir personas y perfiles profesionales.
- Expresar gustos y habilidades.
- Expresar admiración. Describir personas y situaciones.

Contenidos lingüísticos:
- *Me gusta(n)...*
- *Se me da(n) bien/mal...*
- *Me cuesta(n)...*
- *Tengo capacidad de/para...*
- *Tengo facilidad de/para...*
- *¡Es increíble/impresionante cómo...!*
- *¡Qué...!*

Contenidos léxicos:
- Adjetivos de carácter.
- Adjetivos con *ser* y *estar* que cambian de significado.

Contenidos culturales:
- El perfil profesional.
- Los deportes de riesgo.

I Perfiles profesionales

I.I. Vamos a adivinar profesiones. El profesor os dirá cómo.

I.I.I. Esta entrada de blog habla de las aventuras de un joven que viajó muy lejos por trabajo. Lee el texto y comenta con un compañero si conocéis a Celentéreo.

Blog - La bitácora existencial

BITÁCORA EXISTENCIAL

Comentarios

Importancia del perfil profesional

Hace tiempo conseguí el que creí que era el trabajo de mi vida. Estudié Ciencias del Mar en la Universidad de Cádiz y me encantan los arrecifes de corales. Me fui a una isla de Australia para cuidar de sus playas y su fondo marino. No podéis imaginar qué bonito era todo aquello. El problema llegó a las tres semanas de estar allí, una medusa gigante me picó y casi muero. Estaba solo en la isla y hasta que pude comunicarme con el exterior para pedir ayuda, pasaron muchas horas. El veneno fue entrando en mi cuerpo. Afortunadamente, me rescataron, y en el hospital me pudieron curar.

Nunca me ha gustado estar solo y ante situaciones de peligro me pongo muy nervioso, lo cual me hace tomar decisiones de manera poco clara. Creo que antes de esta experiencia no me conocía bien a mí mismo. En cuanto volví de Australia, empecé a investigar para saber cuál era mi perfil profesional y así optar a trabajos más adecuados para mí.

Si os interesa, os dejo un enlace con información sobre perfiles profesionales: www.perfilprofesional.etp

Publicado por Celentéreo a las 05:21 PM - *3 comentarios*

Síguenos en:
flickr

Buscar en el blog:
Buscar
Google

Mi álbum de fotos:

I.I.2. En el enlace que nos da Celentéreo hay información sobre el perfil profesional. ¿Sabes qué es y para qué sirve? En parejas, intentad completar esta información.

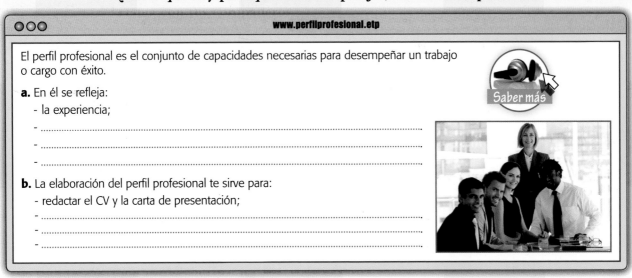

www.perfilprofesional.etp

El perfil profesional es el conjunto de capacidades necesarias para desempeñar un trabajo o cargo con éxito.

a. En él se refleja:
- la experiencia;
- ....
- ....
- ....

b. La elaboración del perfil profesional te sirve para:
- redactar el CV y la carta de presentación;
- ....
- ....
- ....

Saber más

I.I.3. En la página web que nos ha dado Celentéreo hay un archivo sonoro; escúchalo y comprueba tus respuestas anteriores.

I.2. Dos lectores del blog de Celentéreo han comentado su entrada. Lee sus comentarios y responde.

[1] **¿Qué pide Desempleado?**

[2] **¿Cómo se puede conocer un perfil profesional?**

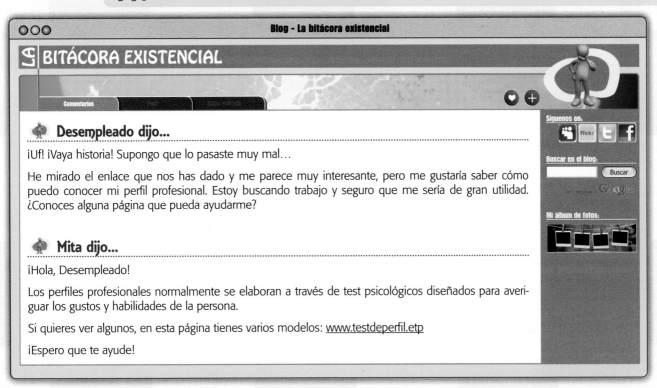

Blog - La bitácora existencial

BITÁCORA EXISTENCIAL

Comentarios

Desempleado dijo...

¡Uf! ¡Vaya historia! Supongo que lo pasaste muy mal…

He mirado el enlace que nos has dado y me parece muy interesante, pero me gustaría saber cómo puedo conocer mi perfil profesional. Estoy buscando trabajo y seguro que me sería de gran utilidad. ¿Conoces alguna página que pueda ayudarme?

Mita dijo...

¡Hola, Desempleado!

Los perfiles profesionales normalmente se elaboran a través de test psicológicos diseñados para averiguar los gustos y habilidades de la persona.

Si quieres ver algunos, en esta página tienes varios modelos: www.testdeperfil.etp

¡Espero que te ayude!

Síguenos en:

Buscar en el blog: [Buscar]

Google

Mi álbum de fotos:

I.2.I. El profesor tiene algunas frases extraídas de este tipo de pruebas. Leedlas y clasificadlas en gustos o habilidades.

1.2.2. **R** Observa las estructuras destacadas de las frases que habéis clasificado como habilidades, y completa este esquema.

> **Para expresar habilidad podemos utilizar las siguientes estructuras:**

1. (*No*) ....
2. (*No*) *Tengo facilidad*　　　+ *de* + sustantivo

　– ....
　– ....

3. (*No*) ....
4. (*No*) ....　　　+ *para* + infinitivo

　– ....
　– ....

5.

(A mí)	*me*		sustantivo singular
(A ti)	*te*	*cuesta* +	....
(A él/ella/usted)	....		
(A nosotros/nosotras)	*nos*		
(A vosotros/vosotras)	....	....	sustantivo plural
(A ellos/ellas/ustedes)	....		

　– ....
　– ....

6.

(A mí)	....	....		....
(A ti)	*te*			....
(A él/ella/usted)	*le*		*mal*	
(A nosotros/nosotras)	....		....	
(A vosotros/vosotras)	*os*	*dan*		....
(A ellos/ellas/ustedes)	....			

　– ....
　– ....

1.3. Lee este comentario, ¿puedes ayudar a esta persona? Escribe sobre sus habilidades.

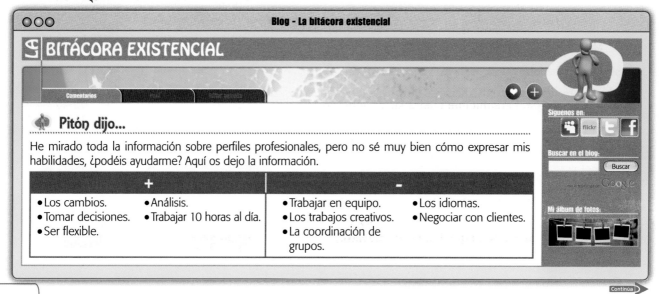

○○○　　　　　　　　Blog - La bitácora existencial

BITÁCORA EXISTENCIAL

Comentarios

Pitón dijo...

He mirado toda la información sobre perfiles profesionales, pero no sé muy bien cómo expresar mis habilidades, ¿podéis ayudarme? Aquí os dejo la información.

+	−
• Los cambios. • Análisis. • Tomar decisiones. • Trabajar 10 horas al día. • Ser flexible.	• Trabajar en equipo. • Los idiomas. • Los trabajos creativos. • Negociar con clientes. • La coordinación de grupos.

Síguenos en: flickr

Buscar en el blog: Buscar

Mi álbum de fotos:

Continúa ▷

[1] ....

[2] ....

[3] ....

[4] ....

[5] ....

[6] ....

[7] ....

[8] ....

[9] ....

[10] ....

1.4. **Vuelve a mirar las frases de 1.2.1. y piensa con cuál de estos adjetivos las relacionas.**

> objetivo/a, persistente, comunicativo/a, reflexivo/a, individualista, metódico/a, detallista, imaginativo/a, paciente, intuitivo/a, analítico/a, competitivo/a, emprendedor/a.

1.4.1. **R** **Teniendo en cuenta las relaciones que habéis hecho en la actividad anterior, elige con un compañero el significado correcto de cada adjetivo.**

▷ Adjetivos de carácter

SER

1. objetivo/a
- **a.** Persona que no se deja llevar por la subjetividad. Neutral.
- **b.** Persona estable emocionalmente.

2. comunicativo/a
- **a.** Persona que se relaciona con facilidad.
- **b.** Persona que habla mucho.

3. persistente
- **a.** Persona que vive de la fama.
- **b.** Persona que mantiene sus decisiones y opiniones hasta el final.

4. reflexivo/a
- **a.** Persona que piensa las acciones antes de realizarlas.
- **b.** Persona que explica todo lo que hace.

5. metódico/a
- **a.** Persona que planifica sus tareas antes de realizarlas.
- **b.** Persona que habla con claridad.

6. detallista
- **a.** Persona que conoce muchas cosas de la vida de los demás.
- **b.** Persona que hace las cosas con mucho cuidado y atención.

7. imaginativo/a
- **a.** Persona que sueña mucho.
- **b.** Persona creativa y original.

8. intuitivo/a
- **a.** Persona que basa sus opiniones en percepciones o sensaciones.
- **b.** Persona que estudia la comunicación no verbal.

Etapa 8. Nivel B1.3

Continúa ▷

43
[cuarenta y tres]

9. emprendedor/a
- **a.** Persona decidida y valiente para los negocios.
- **b.** Persona que tiene muchas empresas.

10. competitivo/a
- **a.** Persona que hace deportes de competición.
- **b.** Persona a la que le gusta medirse con los demás.

11. analítico/a
- **a.** Persona que piensa todo lo que hace.
- **b.** Persona que actúa irracionalmente.

12. paciente
- **a.** Persona que se mueve con dificultad.
- **b.** Persona que hace las cosas con tranquilidad.

13. individualista/a
- **a.** Persona que no es solidaria con los demás.
- **b.** Persona autónoma en la forma de trabajar.

SER

 Recuerda:

- Recuerda que los adjetivos terminados en *–ista* y *–ente* no cambian para masculino y femenino:
  - *–Una mujer individualista-Un hombre individualista.*
  - *–Una mujer paciente-Un hombre paciente.*

1.5. **¿Cuáles de esas características piensas que tienes tú? Coméntaselo a un compañero.**

– A mí se me da bien trabajar con gente, creo que soy bastante comunicativo...

1.5.1. **Vamos a comprobar si vuestros compañeros son como ellos creen. Dividid la clase en dos grupos y elaborad un test de personalidad para conocer sus perfiles.**

1.5.2. **Haz a un compañero el test que has elaborado y toma nota de sus respuestas.**

1.5.3. **Vamos a escribir sobre nuestros perfiles en la bitácora existencial. Escribe un texto que refleje la personalidad y el perfil profesional del compañero al que has entrevistado.**

1.5.4. **Lee tu perfil y di si estás de acuerdo con lo que ha escrito tu compañero.**

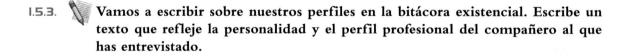

2 ¿Somos o estamos?

2.1. **Para muchas empresas es importante conocer tus aficiones porque piensan que a través de ellas pueden adivinar rasgos de tu carácter. ¿Qué te gusta hacer en tu tiempo libre? ¿Haces deporte? ¿Te gusta el riesgo? Díselo a tu compañero.**

– Yo soy una persona tranquila y nada arriesgada. En mi tiempo libre hago deportes fáciles como bicicleta de paseo y pilates.

Unidad 5

2.1.1. Mira estas imágenes, ¿sabes cómo se llaman estas actividades? Coméntalo con tu compañero.

ciclismo de montaña ■ alpinismo ■ esquí acuático ■ paracaidismo
buceo ■ parapente ■ ala delta ■ piragüismo

2.1.2. ¿Qué habilidades o características piensas que se necesitan para hacer las actividades anteriores? Discútelo con tus compañeros.

– Yo creo que para hacer buceo es necesario que se te dé bien controlar la respiración.
– Sí, y además pienso que debes ser arriesgado.

2.2. Celentéreo ha escrito una nueva entrada en el blog. Léela y elige la opción correcta en el cuadro de la página siguiente.

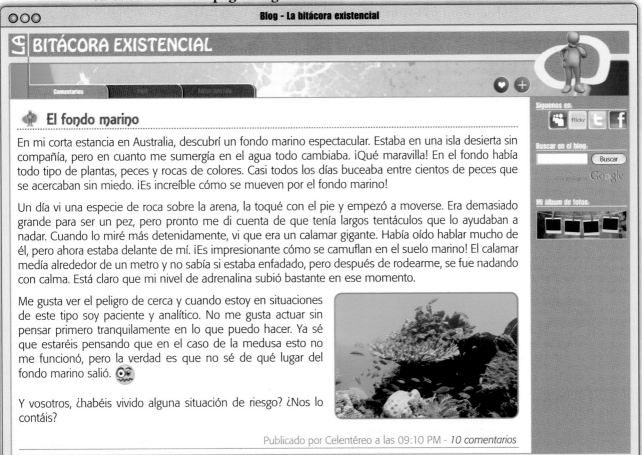

1. Celentéreo practica:
- [a] esquí acuático.
- [b] piragüismo.
- [c] buceo.

2. Celentéreo pide a los lectores de su blog que:
- [a] cuenten sus experiencias más arriesgadas.
- [b] expliquen si hacen algún deporte.
- [c] den su opinión sobre la experiencia de Celentéreo.

2.2.1. [R] **Fíjate en cómo se expresa admiración, vuelve a leer la entrada de Celentéreo y completa los ejemplos.**

> **Para expresar admiración podemos utilizar frases exclamativas como:**
>
> – ¡Qué ....!
> – ¡Es .... cómo ....!
> – ¡Es .... cómo ....!

2.3. **Practica con un compañero la entonación de estas frases.**

- ¡Qué maravilla!
- ¡Qué bonito!
- ¡Es sorprendente cómo vuelan!
- ¡Es increíble cómo nada este chico!
- ¡Es impresionante cómo resisten los alpinistas en las montañas!

2.3.1. [II] **Escucha estas frases y marca la entonación que oigas.**

1. ☐ a) ¡Cómo nadan!	☐ b) ¿Cómo nadan?
2. ☐ a) ¡Cómo vuelan!	☐ b) ¿Cómo vuelan?
3. ☐ a) ¡Cómo resisten!	☐ b) ¿Cómo resisten?
4. ☐ a) ¡Cómo dan pedales!	☐ b) ¿Cómo dan pedales?
5. ☐ a) ¡Cómo se tiran del avión!	☐ b) ¿Cómo se tiran del avión?

2.4. **Vamos a leer algunos comentarios de la entrada de Celentéreo. Dividid la clase en tres grupos. El profesor os va a entregar unas tarjetas, seguid sus instrucciones.**

2.4.1. [R] **Haced nuevos grupos y completad el cuadro con el adjetivo adecuado.**

> **Adjetivos que cambian de significado si se utilizan con *ser* o *estar***

SER	Adjetivo	ESTAR
Persona que piensa en los demás y si necesitan algo, rápidamente los ayuda.	1.	Persona que muestra interés y pone atención.
Persona que tiene buenos sentimientos hacia los demás.	2.	Persona que ha estado enferma y ha recuperado la salud.

Continúa ▶

SER	Adjetivo	ESTAR
Persona que tiene malos sentimientos.	3.	Enfermo/a.
Persona inteligente, rápida en los pensamientos.	4.	Persona que no está dormida.
Persona que es inteligente.	5.	Persona preparada, con las tareas terminadas.
Persona pasiva, no muy activa.	6.	Persona que no tiene trabajo.
Persona que siempre espera un beneficio cuando hace algo.	7.	Persona que tiene interés por las cosas.
Persona rápida para comprender y que sabe aprovechar las circunstancias para su beneficio.	8.	Lo contrario de estar muerto.
Persona que tiene mucho dinero.	9.	Alimento que tiene buen sabor.
Persona a la que no le gusta aceptar sus errores porque tiene una valoración excesiva de sí misma.	10.	Persona que siente satisfacción por algo suyo o por alguien a quien quiere.
Persona que no habla mucho, que tiene una personalidad tranquila.	11.	Persona que no está hablando en un momento determinado.
Persona que produce aburrimiento. Las demás se aburren cuando están con ella.	12.	Persona que no tiene interés o no se divierte con lo que está haciendo.

Ten en cuenta que:

- *Estar bueno/a* se usa coloquialmente para decir que una persona es atractiva físicamente.
- *Ser vivo/a* se utiliza con mayor frecuencia para referirse a niños que a adultos.
- *Ser rico/a* también se dice de los niños cuando son simpáticos y guapos.
- Algunos de estos adjetivos llevan preposición: *estar atento a, estar orgulloso de, estar interesado en.*

2.5. **Escucha estas conversaciones y completa las frases con *ser* o *estar* según el significado de la audición.**

1. Ese cantante .... vivo.
2. Alicia .... callada.
3. El padre .... orgulloso de su hijo.
4. Adrián .... callado.
5. Sandra .... orgullosa.
6. Manuel .... vivo.
7. Mi compañero de la autoescuela .... atento.
8. Carlos .... listo.
9. .... interesado en comprar una casa en el campo.
10. Andrea no .... atenta.

2.5.1. **Dividid la clase en dos grupos.**

1.º Pensad en situaciones en las que podamos utilizar los adjetivos que habéis aprendido. Recordad los diálogos que acabáis de escuchar.
2.º Escribid en un papel ocho situaciones.
3.º Intercambiad los papeles y pensad con qué adjetivo y verbo podéis relacionarlas.
4.º Comparad vuestros trabajos.

2.6. **¿Habéis vivido alguna situación de riesgo? Vamos a continuar la cadena de comentarios con vuestras experiencias.**

2.7. **Comentad con la clase las siguientes cuestiones.**

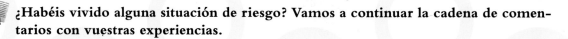

¿Con qué deportes tienen los deportistas más posibilidad de ser famosos?
¿Conoces a algún deportista famoso que lo sea por un deporte de riesgo?
¿El deporte de riesgo es un mundo de hombres o también de mujeres?

2.7.1. **¿Quién es Edurne Pasabán? Es una mujer famosa por practicar un deporte de riesgo. Lee estos datos sobre ella y clasifícalos.**

1. Es la primera mujer española (y probablemente del mundo) que ha subido catorce montañas de más de 8000 metros.

2. Nació en el País Vasco en 1973.

3. Estudió Ingeniería Industrial.

4. En 2005 ganó el premio Mujer y Deporte a la mejor deportista femenina del año en España.

5. Con 16 años subió el Mont Blanc.

6. Su primer trabajo fue en la empresa de su familia.

7. En 2001 ascendió a la primera montaña de más de 8000 metros en el Everest.

8. Desde muy pequeña salía a pasear por la montaña con su familia, y su primo Asier, actual compañero de expediciones, le enseñó a escalar en roca.

9. En 2003 subió hasta la cumbre de tres ochomiles.

10. Perdió dos dedos del pie a causa de una subida al K2.

11. En mayo de 2010 consiguió el ochomil número catorce cuando, después de cinco intentos, llegó a la cumbre del Shisha Pangma.

12. En 2004 colaboró con el programa de Televisión Española *Al filo de lo imposible*, grabó su experiencia en el K2.

Biografía: .... **Experiencias en la montaña:** .... **Récords y premios:** ....

2.7.2. **Ordena con un compañero los datos de la vida de Edurne Pasabán y escribe un texto informativo sobre ella para colgar en el blog.**

3 Tu blog

3.1. **Y tú, ¿tienes algo que quieras compartir con tus compañeros? Participa en el blog con una entrada. Puedes escribir reflexiones, comentarios, opiniones…, todo aquello que te haya podido sugerir esta unidad.**

Etapas

Libro de ejercicios

Etapa 8
El blog

Nivel

B1.3

© Editorial Edinumen, 2010.
© **Equipo Entinema:** Beatriz Coca del Bosque, Anabel de Dios Martín, Sonia Eusebio Hermira, Elena Herrero Sanz, Macarena Sagredo Jerónimo.
   Coordinación: Sonia Eusebio Hermira.
© **Autoras de este material:** Beatriz Coca del Bosque, Elena Herrero Sanz, Macarena Sagredo Jerónimo.

Coordinación editorial:
Mar Menéndez

Diseño y maquetación:
Carlos Yllana

Fotografías:
Archivo Edinumen

Editorial Edinumen
José Celestino Mutis, 4.
28028 Madrid
Teléfono: 91 308 51 42
Fax: 91 319 93 09
e-mail: edinumen@edinumen.es
www.edinumen.es

Las soluciones y transcripciones de los ejercicios puedes consultarlas en **www.edinumen.es/eleteca**

Unidad I

La bitácora sentimental

I.I. Relaciona las dos columnas.

1. Me gusta que .... •

2. Me gustan .... •

3. No me gusta .... •

• **a.** la carne, soy vegetariana.

• **b.** mis amigos me llamen y hagan planes conmigo.

• **c.** los domingos por la mañana.

4. A Julio no le gusta que .... •

5. A Sandra le gusta .... •

6. A mi hermana le gustan mucho .... •

• **d.** desayunar en la terraza de su casa.

• **e.** le molesten cuando está trabajando.

• **f.** los gatos, tiene tres en casa.

7. A mi novio y a mí no nos gusta mucho .... •

8. A Raquel y a Lucía no les gustan mucho ..... •

9. No me gusta nada que .... •

• **g.** los viajes en autobús, siempre viajan en tren.

• **h.** mis hermanos estén tristes.

• **i.** cocinar, por eso casi todos los fines de semana comemos o cenamos en un restaurante.

I.2. Completa el cuadro expresando tus gustos sobre estos temas.

	Amigos	Familia	Pareja	Compañeros de clase/trabajo
🙂 Algo que te gusta hacer con...				
🙂 Algo que te gusta que te haga/n				
🙁 Algo que no te gusta hacer con...				
🙁 Algo que no te gusta que te haga/n				

1.3. Escribe los verbos y expresiones del cuadro en la columna correspondiente según expresen sentimientos positivos o negativos.

> dar rabia ■ ponerse contento/a ■ alegrarse ■ no soportar ■ dar miedo
> ponerse de buen humor ■ poner de los nervios ■ ponerse nervioso/a
> dar pena ■ ponerse de mal humor ■ encantar

Positivos 😊	Negativos ☹

1.4. Elige la opción correcta y completa las siguientes frases que expresan gustos y sentimientos.

1. No soporto .... pronto todos los días.

   a. levantarme   **b.** me levante   **c.** me levanto

2. Me pone de los nervios que el ordenador no .... cuando más lo necesito.

   a. funcionar   **b.** funcione   **c.** funciona

3. Me pone de buen humor que .... mi canción favorita en la radio.

   a. pongo   **b.** pongan   **c.** poner

4. Me pongo muy contenta cuando .... planes con mis amigos.

   a. hago   **b.** hacer   **c.** hagan

5. Me pone de buen humor .... bien mi trabajo.

   a. hacer   **b.** hago   **c.** haga

6. Me pone triste que los niños .... que trabajar.

   a. tener   **b.** tienen   **c.** tengan

7. Me gusta mucho .... por el centro de una gran ciudad.

   a. pasear   **b.** paseo   **c.** pasee

8. Me molesta que la gente me .... en el metro.

   a. empuja   **b.** empuje   **c.** empujar

9. Me da rabia que la gente .... mucho y no ....

   a. hable/escuche   **b.** habla/escucha   **c.** hablar/escuchar

10. Me alegro cuando .... a mi familia después de mucho tiempo.

   a. ver   **b.** vea   **c.** veo

1.5. **Relaciona las dos columnas.**

1. Me da mucha rabia .... •

2. Me pongo de los nervios cuando .... •

3. ¡Qué contenta me pongo cuando .... •

4. Mis padres se ponen muy contentos cuando .... •

5. A mi novia y a mí nos pone de buen humor ... •

6. No soporto .... •

7. Me pone muy triste que .... •

8. Me alegro de que .... •

• **a.** sale el sol!

• **b.** la gente que no respeta las señales de tráfico.

• **c.** veo personas discutiendo en la calle.

• **d.** mis amigos no estén cuando los necesito.

• **e.** personas de otros países quieran visitar el mío.

• **f.** voy con mi hija a visitarlos.

• **g.** salir los domingos juntos a comer.

• **h.** las mentiras.

1.6. **Completa este texto con los verbos o expresiones de sentimiento que aparecen entre paréntesis.**

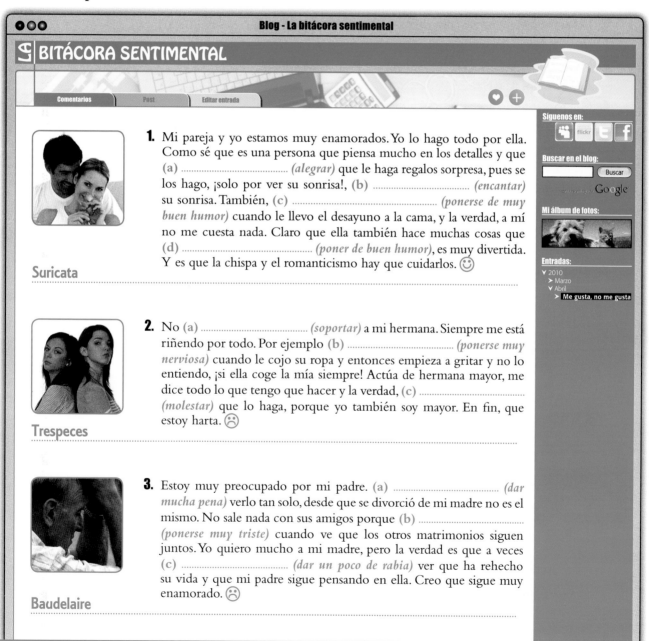

Blog - La bitácora sentimental

LA BITÁCORA SENTIMENTAL

Comentarios | Post | Editar entrada

Suricata

1. Mi pareja y yo estamos muy enamorados. Yo lo hago todo por ella. Como sé que es una persona que piensa mucho en los detalles y que **(a)** .... *(alegrar)* que le haga regalos sorpresa, pues se los hago, ¡solo por ver su sonrisa!, **(b)** .... *(encantar)* su sonrisa. También, **(c)** .... *(ponerse de muy buen humor)* cuando le llevo el desayuno a la cama, y la verdad, a mí no me cuesta nada. Claro que ella también hace muchas cosas que **(d)** .... *(poner de buen humor)*, es muy divertida. Y es que la chispa y el romanticismo hay que cuidarlos. ☺

Trespeces

2. No **(a)** .... *(soportar)* a mi hermana. Siempre me está riñendo por todo. Por ejemplo **(b)** .... *(ponerse muy nerviosa)* cuando le cojo su ropa y entonces empieza a gritar y no lo entiendo, ¡si ella coge la mía siempre! Actúa de hermana mayor, me dice todo lo que tengo que hacer y la verdad, **(c)** .... *(molestar)* que lo haga, porque yo también soy mayor. En fin, que estoy harta. ☹

Baudelaire

3. Estoy muy preocupado por mi padre. **(a)** .... *(dar mucha pena)* verlo tan solo, desde que se divorció de mi madre no es el mismo. No sale nada con sus amigos porque **(b)** .... *(ponerse muy triste)* cuando ve que los otros matrimonios siguen juntos. Yo quiero mucho a mi madre, pero la verdad es que a veces **(c)** .... *(dar un poco de rabia)* ver que ha rehecho su vida y que mi padre sigue pensando en ella. Creo que sigue muy enamorado. ☹

Síguenos en:

Buscar en el blog: [Buscar] Google

Mi álbum de fotos:

Entradas:
▼ 2010
➤ Marzo
▼ Abril
➤ **Me gusta, no me gusta**

4. (a) .... *(poner de muy buen humor)* ver a la gente sonreír, (b) .... *(alegrarse)* de que la gente se levante en el metro para que se siente una persona mayor o una mujer embarazada, (c) .... *(encantar)* las parejas de ancianos que van de la mano y se ayudan a caminar. (d) .... *(gustar)* mucho escuchar las conversaciones de la gente, sobre todo si son positivas. Sí, soy una idealista-optimista. ☺

Besosdemariposa

1.7. Completa las siguientes frases.

1. Mis mejores amigos se van a casar. Vamos a ir a la boda toda la pandilla.

A mis dos amigos les alegra que ....

2. Discuto mucho con mi hijo, creo que le riño mucho.

Mi hijo no soporta que ....

3. Mi marido y yo trabajamos mucho y no pasamos suficiente tiempo juntos.

A los dos nos da rabia ....

4. Mucha gente no acepta otras culturas o religiones, es horrible.

Me molesta que ....

5. Los deportistas ganan mucho dinero y trabajan muy poco.

Me pone enfermo que ....

6. En muchos países los niños no pueden ir a la escuela. ¡Es una pena!

Me pone muy triste que ....

7. Pocas veces voy a fiestas con mucha gente, son agobiantes.

Me pongo muy nervioso cuando ....

8. Algunos políticos mienten y son corruptos.

A los ciudadanos nos pone enfermos que ....

1.8. Escucha a estas dos hermanas gemelas expresando sus sentimientos y completa el cuadro según sean positivos o negativos para cada una de ellas.

[15]

	Maite	Ainara
Positivos		
Negativos		

1.8.1. Escribe qué tienen en común las dos hermanas.

1. ....

2. ....

3. ....

4. ....

1.9. **Completa las frases expresando tus sentimientos en las siguientes situaciones.**

1. Cuando estoy en casa, me alegra ....

2. Durante las vacaciones me pone nervioso/a que ....

3. En el trabajo no soporto ....

4. En un avión me pone muy nervioso/a que ....

5. Cuando estoy conduciendo, me molesta ....

6. Durante las clases me encanta ....

7. Cuando leo, me pone de buen humor ....

8. Si estoy viendo una película, me molesta que ....

9. Cuando camino por la calle, me pone nervioso/a ....

10. En una fiesta me alegra que ....

1.10. **Marca el conector del discurso que sobra en cada grupo y escribe para qué sirven eligiendo una de las opciones del cuadro.**

> Objeciones a los argumentos ■ Iniciar la argumentación
> Aportar argumentos ■ Fin de la argumentación ■ Expresar subjetividad

1.	**2.**	**3.**	**4.**	**5.** ....
a. Además b. También c. Resumiendo	a. Como yo veo las cosas b. Termino diciéndote c. En conclusión	a. Lo primero de todo b. No obstante c. En primer lugar	a. Sin embargo b. Aunque c. Para terminar	a. Por otro lado b. Desde mi punto de vista c. A mi modo de ver

1.11. **Completa el texto con los conectores del discurso del cuadro.**

> además ■ pero ■ sin embargo ■ resumiendo ■ en primer lugar

Las personas más felices rara vez son las más ricas, ni las más hermosas, ni siquiera las de más talento.

.... (1) hay que señalar que la felicidad de las personas no depende de las emociones y alegrías de las impresiones superficiales, depende de saber disfrutar de las cosas fundamentales de la vida.

Las personas felices no pierden el tiempo enfadándose por cosas sin importancia, ni poniéndose tristes por momentos del pasado irrecuperables. Saben adaptarse a los cambios de la vida, se ponen contentas por las pequeñas cosas del presente. .... (2) aprender a vivir con lo que se tiene y no con lo que se carece, nos ayuda a ser felices.

.... (3) no todos los días son iguales, muchas veces en nuestro camino hay cosas que nos pueden poner tristes o causar dolor, muchos problemas que nos afectan y muchos motivos más para estar de mal humor o nerviosos. .... (4) si somos capaces de relativizar y enfrentarnos a los contratiempos, nada nos puede quitar la felicidad.

.... (5), si somos capaces de disfrutar de las cosas pequeñas de la vida, de la familia, de los amigos, de la pareja… nuestra vida será muy feliz porque estaremos dispuestos a serlo. Ser feliz también es una actitud ante la vida.

Unidad 2

La bitácora europea

2.1. Recuerda la información relacionada con el programa Erasmus y escribe si las frases son verdaderas o falsas.

	V	**F**
1. El programa Erasmus se creó en 1995.	○	○
2. Los estudiantes cursan el primer año de su carrera en otro país europeo.	○	○
3. Los estudiantes pueden participar en el programa de tres meses a un año.	○	○
4. Se puede solicitar una beca para ayuda de los diferentes gastos.	○	○
5. Es necesario hablar perfectamente la lengua del país de acogida.	○	○

2.2. Busca en la sopa de letras las palabras de las siguientes definiciones.

1. Recipiente normalmente de metal o plástico que se usa para echar los diferentes tipos de basura.

2. Papel con palabras y dibujos que se usa para publicidad o avisos.

3. Recipiente pequeño en el que se tiran papeles y otros objetos.

4. Objeto que se usa para dar luz y que está a lo largo de las calles.

5. Construcción artificial de la que sale agua y que normalmente está situado es las plazas.

6. Objeto que sirve para controlar el tráfico y que tiene tres colores: rojo, amarillo y verde.

7. Máquina que se usa para controlar el tiempo que un coche está aparcado en el mismo sitio.

8. Especie de maceta o tiesto grande y rectangular donde se ponen flores.

9. Lugar en el que se espera un autobús, rodeado de cristal y con un asiento.

10. Asiento largo para varias personas que normalmente está en la calle y puede ser de madera, piedra, o de metal.

11. Es el lugar donde se echan las cartas. En España son redondos y de color amarillo.

```
Q T T B U Z Ó N U T O E P T B P C M I E U
D U A Á S T O S M A L M É I L A T I L Ó M
C T Q T Q A L P Q M O P D B I A N N I S V
B O U U U T O E F A R O L A U T E C Q P E
I T N R Í E V O I I U R U A N E L E O A N
S V D T N M E F V T L P I T T M L L B R D
I P A P E L E R A G L O F A Í I O E E Q I
M R T M O N T I D T Á R U T B L R C A U P
I A U N N T E C E U U P E U U I I T T Í S
L P R I S O Á D R C T Ó N R S N B O E M A
I E E Q E B R U O A Q S T T D U E T N E N
T D O I U E I S T R U D E O Á S H A O T D
Á I S S U E S C L T E O M R M N E Q B R I
U G R E A T S Í A E D L S E M Á F O R O P
T É E S M E U I N L I O U V U T U Í T T I
U N N T S M T U N T C R E E N O U É E V T
Í D D I E E É S H A O E O N T L N R N Ó A
U I I J A R D I N E R A P D O E T C T L Q
```

2.2.1. Completa las frases con algunas de las palabras de la actividad anterior.

1. El otro día estuve buscando un .... más de media hora por toda la ciudad para poder mandarte el informe que me dijiste.

2. Cuando salgo a correr por el parque siempre me paro en la misma .... para reponer fuerzas y oír el ruido del agua, me relaja.

3. En mi ciudad el .... de papel es azul; el de envases, amarillo, y el de residuos orgánicos, negro.

4. No soporto a la gente que empieza a tocar el claxon en cuanto se pone el .... en verde.

5. Todas las mañanas veo a un grupo de jubilados sentados en el mismo .... de la plaza.

6. En las .... nuevas, en la parte de arriba, hay una pequeña estructura metálica que se usa para apagar los cigarros.

2.2.2. **Relaciona las imágenes con la frase correspondiente del ejercicio anterior.**

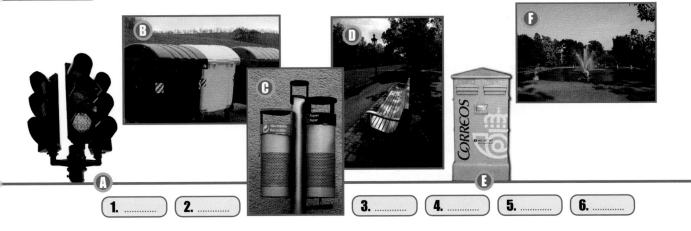

1. .... **2.** .... **3.** .... **4.** .... **5.** .... **6.** ....

2.3. **Completa el texto con las palabras del cuadro.**

> vocal ■ buzón ■ llanas ■ tercera ■ esdrújulas ■ consonante
> semáforo ■ acento ■ segunda ■ árbol ■ agudas

En español hay tres grupos de palabras según el .... **(1)**:

- .... **(2)**: tienen el acento en la última sílaba. Solo llevan tilde si terminan en .... **(3)** o en las consonantes **n** o **s**. Ejemplo: .... **(4)**.

- .... **(5)**: tienen el acento en la .... **(6)** sílaba empezando por el final de la palabra (la derecha). Llevan tilde si terminan en .... **(7)** diferente de **n o s**. Ejemplo: .... **(8)**.

- .... **(9)**: tienen el acento en la .... **(10)** sílaba empezando por el final de la palabra. Todas llevan tilde. Ejemplo: .... **(11)**.

2.4. **Escucha las siguientes palabras y escríbelas en la columna correspondiente.**

[16]

Agudas	Llanas	Esdrújulas

2.5. Lee y escribe con qué problema de la ciudad relacionas con estas palabras.

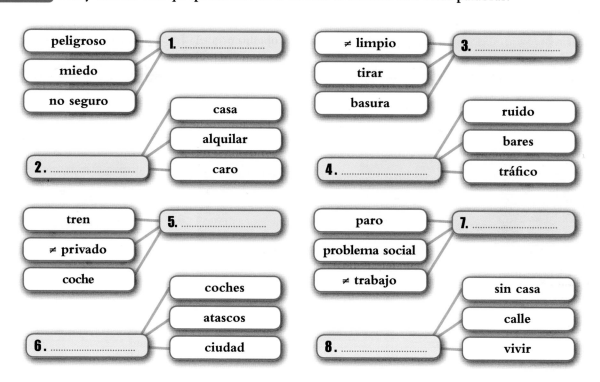

peligroso	**1.** ....
miedo	
no seguro	

	casa
	alquilar
2.	caro

≠ limpio	**3.** ....
tirar	
basura	

	ruido
	bares
4.	tráfico

tren	**5.** ....
≠ privado	
coche	

	coches
	atascos
6.	ciudad

paro	**7.** ....
problema social	
≠ trabajo	

	sin casa
	calle
8.	vivir

2.6. Escucha y ordena los tres problemas de los que hablan.

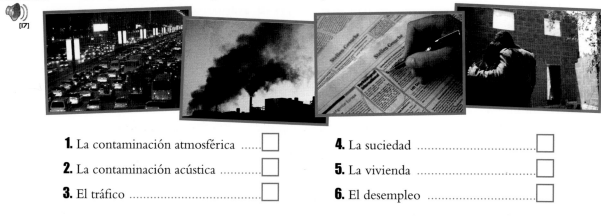

[7]

1. La contaminación atmosférica ......☐   **4.** La suciedad ....☐

2. La contaminación acústica ....☐   **5.** La vivienda ....☐

3. El tráfico ....☐   **6.** El desempleo ....☐

2.7. Escribe y ordena cuáles son los tres problemas más graves de tu ciudad, según tu opinión y explica por qué.

....
....
....
....
....
....
....
....
....

2.8. Escucha a estas personas y marca los temas de los que hablan.

[18]

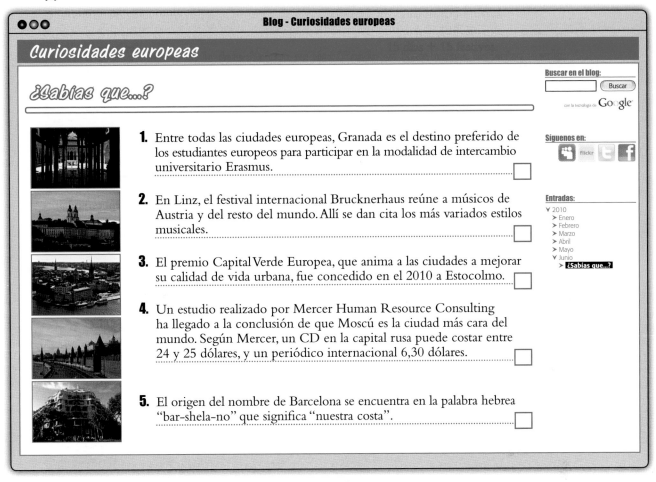

2.8.1. Completa los siguientes comentarios con las palabras del recuadro.

> no tenía ni idea (2) ■ no sabía (2) ■ no supe ■ supe ■ sabía (2)

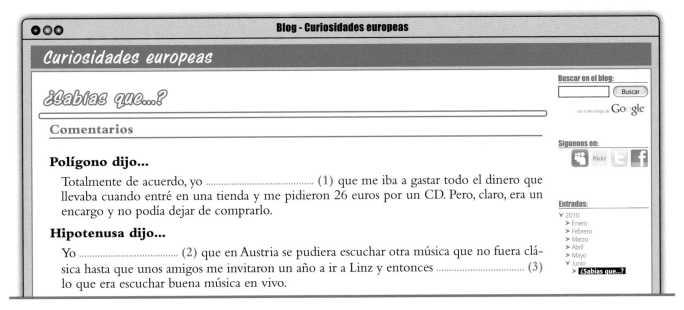

Pocoyo dijo...

.... (4) que Moscú era una ciudad cara, pero dudo un poco de que sea la más cara del mundo, ¿estás seguro de que la información es real?

Lila dijo...

Pues, lo cierto es que yo .... (5) del origen del nombre de la ciudad Condal, muy curioso. Apúntate un diez.

Alhambra dijo...

Soy un enamorado de este lugar, ... (6) lo que era una ciudad realmente bella hasta que no visité Granada. No me extraña que sea una de las más elegidas.

Etanol dijo...

.... (7) de los premios a las ciudades europeas, ni de que Estocolmo sea una ciudad especialmente ecológica. Ahora me gustaría viajar allí para ver la diferencia que hay con las ciudades españolas.

Green dijo...

Pues yo sí .... (8) lo de los premios Capital Verde Europea, es más, los sigo todos los años, ¡Ay! ¡Qué poca conciencia ecológica hay en este país!

2.9. **Coloca los verbos del recuadro en el tiempo adecuado (presente de indicativo o imperativo) en las siguientes frases.**

> encontrar ■ tener (3) ■ buscar ■ poder ■ exigir ■ tomar
> cursar ■ escoger ■ cubrir ■ vivir ■ asistir ■ hacer

1. Si para preparar tu estancia .... información en la página web de tu universidad, ... cuidado porque la información a veces no está actualizada.

2. Si además de tu carrera principal .... a clases de idiomas, ... que tu universidad anfitriona te pida que pagues la matrícula, y esto es legal.

3. Si .... la suerte de, además de la Beca Erasmus, recibir una ayuda de tu Estado, este dinero .... todos tus gastos, si .... sin excesos.

4. Si la carrera que .... en tu país de origen no tiene equivalente en tu universidad anfitriona, ... las mismas asignaturas que te corresponderían de entre varias carreras. Aunque a veces esto puede plantear un problema de horario.

5. Si tu carrera te .... que hagas una práctica en una empresa, ... *la* en las tardes libres, si las ...., o bien, durante las vacaciones.

6. Espero que gracias a estos consejos podáis preparar vuestra estancia Erasmus, y si os .... con uno de los problemas comentados o con otros, ... *lo* con tranquilidad e intentad solucionarlo lo antes posible.

7. ....
....
....
....

2.9.1. **Si has participado en un programa Erasmus alguna vez, añade algún consejo más a la lista anterior.**

2.10. Completa la carta con los siguientes conectores.

porque ■ como ■ dado que ■ puesto que ■ de manera que
en consecuencia ■ de modo que ■ por consiguiente

Estimado estudiante:

En respuesta a su petición de una carta de recomendación para solicitar una beca en el programa Erasmus, procedemos a detallarle los motivos por los que le hemos denegado dicha petición, muy a nuestro pesar:

En primer lugar, y .... (1) usted ha faltado al más del 50% de las clases, no podemos recomendarle para cursar un año lectivo en cualquier universidad europea, ... (2) tendrá que esforzarse más el próximo curso.

En segundo lugar, ... (3) usted no se ha presentado a los exámenes, dato que usted conocerá muy bien, no podemos calificar las asignaturas de las que usted se ha matriculado, ... (4), su expediente académico no responderá a las condiciones que le exige el programa Erasmus.

En tercer y último lugar, ... (5) usted no ha pagado el dinero de la matrícula, no podemos considerarle alumno de esta universidad, ... (6), no tenemos ninguna obligación hacia usted y solo .... (7) nos importa su carrera profesional, le recomendamos que se matricule el próximo curso y lo siga con aprovechamiento .... (8) podamos recomendarle para cualquier universidad.

2.11. Relaciona los elementos de las dos columnas.

1. En este paisaje no hay chimeneas que ensucien el aire,

2. Las casas tienen un aislamiento térmico de un 30% superior a lo que obliga la ley,

3. En todos los tejados hay placas solares,

4. Hay un parque central, del tamaño de doce campos de fútbol, que cuenta con carril bici, sendas para caminar y hasta un lago,

a. la ciudad puede, incluso, vender la energía que le sobra.

b. la contaminación aquí no existe.

c. el ahorro se nota también en las facturas.

d. la zona verde en la ciudad está garantizada.

1. ....; 2. ....; 3. ....; 4. ....

2.11.1. Escribe las frases del ejercicio anterior para completar el siguiente texto, utilizando estas conjunciones.

como ■ por esta razón ■ en consecuencia ■ por eso

A cinco kilómetros de las estrechas calles por donde se celebran los Sanfermines, se sitúa Sarriguren, una ecociudad con amplias avenidas y oxigenadas zonas verdes.

1. ....

2. ....

3. ....

4. ....

Unidad 3

La bitácora curiosa

3.1. Relaciona la columna de la derecha con la de la izquierda para hacer frases con sentido.

1. Hay que tener una buena formación para

2. Tienes que trabajar muchas horas al día, más allá de tu jornada laboral, para que

3. Ser positivo y tener gran capacidad de trabajo es fundamental para

4. Lo mejor es tomarte las cosas con calma para que

5. Hay que tener un estómago fuerte para

6. Las personas que están de cara al público tienen que tener don de gentes

a. tener éxito profesional.

b. ser catador de alimentos para perros.

c. conseguir un trabajo bien remunerado.

d. tu jefe te valore.

e. el estrés en el trabajo no acabe afectando a tu vida personal.

f. para que los clientes siempre se sientan bien atendidos.

3.2. Completa las frases con la información que aparece en el recuadro. En algún caso tendrás que hacer algún cambio.

> inspeccionar los arrecifes de coral ■ colgar en el blog las imágenes
> poder localizarme en cualquier momento ■ poder nombrar todo lo que vea
> no quemarme el sol ■ contar mi experiencia a través del blog
> curarme en caso de accidente ■ entretenerme en los ratos libres

1. Me compraría un portátil con antena de conexión vía satélite para

....

2. Me llevaría música para

....

3. Sería imprescindible un equipo de primeros auxilios para

....

4. Llevaría un CD con mucha información sobre los arrecifes de corales para

....

5. Sería necesaria una cámara de vídeo para

....

6. Necesitaría un equipo de buceo completo para

....

7. Sería muy útil llevar crema protectora para

....

8. Sería imprescindible un sistema de comunicación de emergencia para

....

3.2.1. Imagina que has sido elegido para el trabajo de cuidador de la isla paradisiaca. ¿Qué más cosas añadirías a la lista anterior para llevarte allí? No te olvides de decir también para qué las utilizarías.

3.3. Antes de leer el texto escribe si estas afirmaciones son verdaderas o falsas según tu opinión. Luego, lee el texto y comprueba tus respuestas.

Antes de leer			Después de leer	
V	**F**		**V**	**F**
○	○	**1.** "Curro" significa trabajo, empleo.	○	○
○	○	**2.** Hay personas que disfrutan trabajando y van todas las mañanas contentas a trabajar.	○	○
○	○	**3.** No existe el trabajo perfecto: si te gusta, normalmente está mal pagado y viceversa.	○	○
○	○	**4.** Por probar helados y decidir cuál es el mejor, podrás ganar 3000 dólares al mes.	○	○
○	○	**5.** Los probadores aéreos son los que comprueban que los aviones funcionan bien.	○	○
○	○	**6.** Los probadores de videojuegos solo tienen que decidir si el contenido gustará al público al que va dirigido.	○	○
○	○	**7.** Hacer vestidos para muñecas está muy bien pagado.	○	○

Trabajos "raros" bien pagados

¿Conoces a alguien que se levante feliz cada mañana, pensando: "Me voy al curro"? No, ¿verdad? Parece imposible que así sea, pero estas personas existen. Hay amantes del trabajo, principalmente porque existen trabajos maravillosos. Son los trabajos perfectos, los que a todo el mundo le gustaría tener. Empleos en los cuales trabajar es un placer. Son diferentes, entretenidos y, en algunos casos, están realmente bien pagados. Veamos algunos ejemplos:

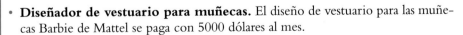

- **Catador de helados.** Una empresa ofrecía 4600 dólares al mes por convertirte en su probador de helados. Solo tendrás que decidir cuál es el mejor, para que luego puedan lanzarlo al mercado.

- **Probador de videojuegos.** Se trata sin duda de un empleo soñado por muchos. Tu misión es la de probar nuevos videojuegos antes de que salgan al mercado, detectar errores y ayudar en el diseño de los juegos. Con un sueldo de 2000 dólares al mes.

- **Diseñador de vestuario para muñecas.** El diseño de vestuario para las muñecas Barbie de Mattel se paga con 5000 dólares al mes.

- **Probador aéreo.** Un profesional del departamento de *marketing* de una compañía aérea se dedica a volar con diferentes compañías de la competencia para valorar el servicio y el trato al cliente que realizan. El sueldo es de 2400 dólares al mes.

(Adaptado de www.quecursar.com)

Escucha a cuatro personas que hacen hipótesis sobre algunos de los trabajos anteriores y escribe en las frases la letra de la grabación a la que corresponde.

[19]

1. Haría un viaje cada día. ......*b*....

2. No comería porque estaría muy interesado en su trabajo. ....

3. Lo peor para él/ella sería engordar. ....

4. Volaría a mil sitios. ....

5. Viviría muchas aventuras. ....

6. Trabajaría veinticuatro horas al día. ....

7. Viajaría por todo el mundo. ....

8. Sería una persona molesta. ....

9. Comería mucho. ....

10. Diseñaría vestidos modernos. ....

11. Probaría bebidas diferentes. ....

12. Estaría estresado/a. ....

Completa las siguientes frases con los verbos del recuadro en condicional simple.

```
trabajar ■ salir ■ querer ■ poder (2) ■ hacer
valer ■ soportar ■ ser ■ gustar ■ tener ■ ver
```

1. Decididamente yo no .... ser maquillador de muertos, me parece un trabajo horrible y muy triste. .... todos los días deprimido del trabajo.

2. Pues para mí, lo de ser catador de alimentos para perros .... lo peor que me .... pasar. Primero, porque odio los perros y mucho más su comida y segundo, porque no soporto la textura gelatinosa ni esas bolitas tan secas.

3. En mi caso, yo no .... tener que estar haciendo figuritas de tarta de bodas toda mi vida, con lo poco que me gusta el matrimonio y esos muñequitos tan cursis, siempre con una sonrisa. .... que ganar mucho dinero para poderlo soportar.

4. A mí sí que me .... lo de ser modelo de pies; todo el mundo me .... en la televisión y en los pósteres publicitarios. Seguramente me .... famosa enseguida porque, aunque esté mal decirlo, tengo unos pies preciosos.

5. Yo no .... ser recogedor de pelotas porque me parece un trabajo muy tonto, pero nunca se puede decir de esta agua no beberé, ¿no?

6. ¿Creéis que yo .... para ser ojeador de toros? No sé qué tal será el trabajo, pero lo que me gusta es que .... pocos meses al año.

Escribe ahora tú sobre los trabajos que te gustaría hacer y los que no soportarías.

....

....

....

....

....

....

....

....

3.6. Completa el siguiente diálogo con las preguntas que la entrevistadora le hace a una persona sobre su trabajo.

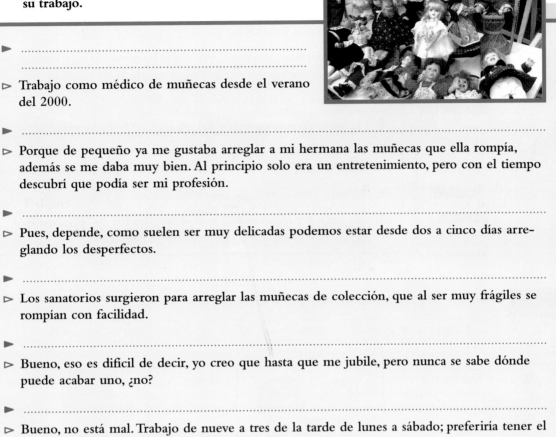

1. ▶ ....
....

▷ Trabajo como médico de muñecas desde el verano del 2000.

2. ▶ ....

▷ Porque de pequeño ya me gustaba arreglar a mi hermana las muñecas que ella rompía, además se me daba muy bien. Al principio solo era un entretenimiento, pero con el tiempo descubrí que podía ser mi profesión.

3. ▶ ....

▷ Pues, depende, como suelen ser muy delicadas podemos estar desde dos a cinco días arreglando los desperfectos.

4. ▶ ....

▷ Los sanatorios surgieron para arreglar las muñecas de colección, que al ser muy frágiles se rompían con facilidad.

5. ▶ ....

▷ Bueno, eso es difícil de decir, yo creo que hasta que me jubile, pero nunca se sabe dónde puede acabar uno, ¿no?

6. ▶ ....

▷ Bueno, no está mal. Trabajo de nueve a tres de la tarde de lunes a sábado; preferiría tener el sábado libre, pero de momento no puede ser.

3.6.1. Ahora escucha la entrevista y comprueba si tus preguntas son correctas.

[20]

3.7. Completa este texto con *donde/dónde*, *cuando/cuándo* y *como/cómo*.

No me dijo .... **(1)** vivía. Sus palabras fueron: "El lugar .... **(2)** vivo no puedo decírselo a nadie". Pero me enviaba pequeñas invitaciones del tipo: .... **(3)** quieras cenamos, conozco el lugar ideal, o ¿..................... **(4)** querrás cenar conmigo y luego ir a bailar?

Un día me preguntó .... **(5)** podía encontrar una tienda de libros de segunda mano y desde aquel instante empezó a interesarme.

El restaurante .... **(6)** nos conocimos figuraba en la guía Michelin como uno de los mejores de la ciudad. Yo le había preguntado .... **(7)** íbamos a reconocernos y él me había mandado un correo en el que decía: .... **(8)** tú entres en el local, yo te estaré esperando con un cigarro encendido.

Pero, ¿..................... **(9)** iba a reconocerlo si está prohibido fumar en los locales públicos cerrados? pensé, pero no había tiempo para nada más. Así que me arreglé y en taxi llegué al restaurante. En la puerta había un letrero .... **(10)** se advertía. "En este establecimiento está prohibido fumar". Dentro había una barra con mucha gente; me abrí paso .... **(11)** pude y al llegar al final, en una pequeña terraza del restaurante al aire libre, **(12)** .... habían colocado una mesa para dos, había un hombre fumando. Entonces supe que era él. Más tarde me enteré de que Marcos era el dueño del restaurante.

3.8. Clasifica la información que te damos en la columna adecuada.

1. Es el resultado de once años de trabajo de las veintidós Academias de la Lengua Española.

2. Es un instrumento eficaz para todas las personas que quieran mejorar el conocimiento de la lengua española.

3. Responde a las dudas sobre el uso del español.

4. Pretende ofrecer un mapa del español en todo el mundo.

5. Va dirigido tanto a quien quiere resolver un problema concreto rápidamente, como a quien necesita una explicación más amplia.

6. Presenta una síntesis de los estudios clásicos y modernos.

7. Sus juicios y recomendaciones están basados en la norma que regula hoy el uso correcto de la lengua española.

3.9. Escucha e identifica qué tipo de cliente habla en cada diálogo.

[21]

discutidor ■ quejica ■ ofensivo ■ infeliz ■ conversador ■ exigente

 **Diálogo 1:**

 **Diálogo 2:**

 **Diálogo 3:**

3.10. Relaciona las frases de la columna de la derecha con las de la izquierda y vuélvelas a escribir uniéndolas con la conjunción *aunque*.

Información importante/nueva

1. Acaban de cancelar el vuelo
2. No tenemos habitaciones disponibles
3. Esta cámara es algo más pesada
4. Este traje es un poco más caro
5. Deben hacerse por escrito este tipo de quejas
6. Es cierto que es el apartamento más alejado de la playa
7. El trabajo es un poco agobiante

Solución/explicación

a. está muy bien pagado.
b. es el que mejores vistas tiene.
c. es el que mejor le sienta.
d. atenderemos su reclamación por teléfono.
e. se obtienen imágenes mucho más nítidas con ella.
f. les podemos recomendar otro hotel cercano.
g. podrán coger otro hoy mismo.

1. *Aunque acaban de cancelar el vuelo, podrán coger otro hoy mismo* .
2. .
3. .
4. .
5. .
6. .
7. .

3.11. **Marca la opción correcta.**

1. Cuando la duración de un contrato es sin límite el contrato recibe el nombre de:

○ **a.** eventual.
○ **b.** atemporal.
○ **c.** indefinido.

2. La jornada laboral completa en España es de:

○ **a.** 35 horas semanales.
○ **b.** 40 horas semanales.
○ **c.** 45 horas semanales.

3. Cuando una persona realiza en una empresa un trabajo concreto durante un tiempo indeterminado, tiene un contrato:

○ **a.** indeterminado.
○ **b.** de prácticas.
○ **c.** por obra y servicio.

4. Cuando trabajas ocho horas seguidas con una pausa de treinta minutos, tienes una jornada:

○ **a.** buena.
○ **b.** partida.
○ **c.** intensiva.

5. En España las vacaciones son:

○ **a.** 22 días + 10 festivos.
○ **b.** 30 días + 12 festivos.
○ **c.** 15 días + 15 festivos.

6. Un trabajo bien remunerado, significa:

○ **a.** que tienes que hacer muchos números.
○ **b.** que tienes un buen sueldo.
○ **c.** que tienes un buen horario.

7. Si acabas de salir de la universidad y no tienes experiencia laboral, te harán un contrato:

○ **a.** de prácticas.
○ **b.** basura.
○ **c.** universitario.

8. Cuando una persona tiene un contrato donde se especifica el tiempo de duración del mismo, es un contrato:

○ **a.** de prácticas.
○ **b.** temporal.
○ **c.** indefinido.

3.12. **Para terminar vamos a ver qué tal memoria tienes. Responde a estas preguntas sobre la unidad.**

1. ¿Qué significan las siglas RAE?

....

2. ¿Qué hacen los buzos de pelotas de golf?

....

3. ¿Qué pregunta harías a alguien si quieres saber cuándo inició su actividad en la empresa en la que trabaja?

....

4. ¿A qué se dedican los inspectores de patatas fritas?

....

5. ¿Qué es bucear?

....

6. El dinero que obtienes cada mes por tu trabajo es el ....

7. ¿Qué diferencia hay entre *donde* y *dónde* en las siguientes frases?

Enviar un vídeo donde expliquen su interés por el trabajo.

¿Dónde explica su interés por el trabajo?

....

....

8. ¿Qué cinco cosas les piden los usuarios a las personas que trabajan en atención al cliente?

....

....

La bitácora soñadora

4.I. Ordena las diferentes etapas de la vida (de menor a mayor) y escríbelas al lado del número correspondiente.

infancia ▪ vejez ▪ madurez ▪ niñez ▪ juventud ▪ adolescencia

1

2

3

4

5

6

4.I.I. Relaciona las etapas con las frases que las caracterizan.

a. Edad que comienza cuando se entra al colegio.

b. Se sufre de acné.

c. Es una edad plena, donde la persona ya sabe lo que quiere.

d. Etapa comprendida entre el nacimiento y los 5-6 años.

e. Etapa también conocida como la tercera edad.

f. Se está sexualmente desarrollado, pero se carece de la necesaria experiencia y la madurez emocional para tratar con equidad los problemas de la vida adulta.

g. Etapa en la que hay cambios muy importantes en la forma de hablar, en el crecimiento, etc.

h. Etapa comprendida entre los 18 y los 25 años.

i. Hay enfermedades relacionadas con la vista, los huesos, problemas para caminar, etc.

j. Etapa que comienza a los 13-14 años hasta los 18, aproximadamente.

k. Es una etapa en la que se alcanza la plenitud en todos los aspectos de la vida.

l. Etapa en la que las personas se emancipan de la familia y se tienen múltiples relaciones sociales.

m. Se produce el egocentrismo, todo gira en torno al "yo".

n. Comienza a los 65 años.

1.	2.	3.	4.	5.	6.

Escucha y comprueba tus respuestas.

[22]

4.2. **Completa las siguientes ventajas y desventajas de la adolescencia con las palabras necesarias.**

a. humor	**d.** tratan	**f.** pagan
b. mantienen	**e.** independencia	**g.** responsabilidades
c. granos		

1. No tienes .... pero tampoco tienes ....

2. El .... te cambia constantemente.

3. Te .... tus padres.

4. Te .... como un niño.

5. No te dejan entrar en algunos lugares.

6. Te salen .... y tienes problemas de acné.

7. No tienes que trabajar.

8. Cuando trabajas, te .... poco.

4.2.1. **Escribe las frases de la actividad anterior en el lugar correspondiente.**

Ventajas:

Inconvenientes:

4.3. **Escribe cinco ventajas y cinco inconvenientes de tu etapa de vida.**

Ventajas:

1. ....

2. ....

3. ....

4. ....

5. ....

Inconvenientes:

1. ....

2. ....

3. ....

4. ....

5. ....

4.4. **Marca la opción correcta.**

1. Cuando .... de vacaciones, ... mucho echarme la siesta.

a. voy/me gusta   **b.** vaya/me gusta   **c.** voy/me gustará

2. En cuanto me .... la respuesta, te lo ....

- **a.** dicen/comunico
- **b.** digan/comunico
- **c.** dicen/comunicaré

3. Cuando .... lo que voy a hacer, te ....

- **a.** sepa/enterarás
- **b.** sé/enterarás
- **c.** sepa/enteras

4. Te .... cuando .... tiempo.

- **a.** ayuda/tenga
- **b.** ayudara/tiene
- **c.** ayudará/tenga

5. Cuando .... nerviosa, ... las uñas.

- **a.** estoy/me muerdo
- **b.** esté/me morderé
- **c.** estoy/me morderé

6. En cuanto ...., ...

- **a.** termino/voy
- **b.** termino/iré
- **c.** termine/voy

4.5. **Completa los planes de futuro de este adolescente.**

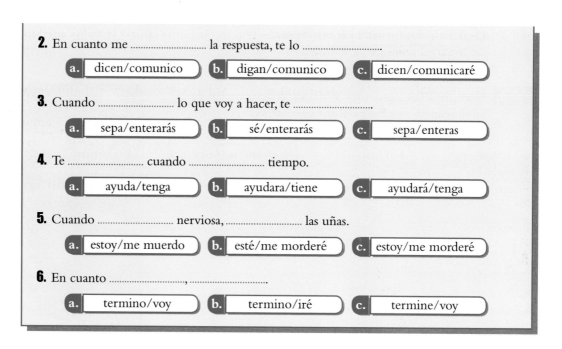

1. Cuando .... la universidad, alquilaré un piso con mis amigos.

2. Cuando ...., haré un viaje por todo el mundo.

3. Cuando .... 28 años, me casaré.

4. Cuando ...., tendré muchos hijos.

5. Cuando .... mucho dinero en mi trabajo, me compraré una casa en el campo.

6. Cuando .... viejo, viviré en la playa.

4.6. Lee las siguientes definiciones y completa las frases de la columna de la derecha con el verbo correcto en presente de subjuntivo.

a. Tener confianza en otra persona.
b. Contrario de *buscar*.
c. Contrario de *empezar*.
d. Contrario de *comprar*.
e. Sinónimo de *entregar*.
f. Dejar de trabajar porque tienes más de 65 años.

1. ¿Cuándo cambiarás de trabajo?............•
2. ¿Cuándo te comprarás la casa nueva?.......•
3. ¿Cuándo me vas a dejar tu coche?..........•
4. ¿Cuándo te casarás?..............•
5. ¿Cuándo vas a cambiar de ciudad? ....•
6. ¿Cuándo vas a comprarte el coche? ....•

a. Cuando .... en ti.
b. Cuando .... a la mujer ideal.
c. Cuando .... mi contrato.
d. Cuando me lo .... mi cuñado.
e. Cuando el banco me .... el crédito.
f. Cuando ....

4.6.1. Relaciona las dos columnas.

1. ....   2. ....   3. ....   4. ....   5. ....   6. ....

4.7. Completa las frases con información personal.

1. En cuanto termine este ejercicio, ...
2. Cuando aprendo una palabra nueva, ...
3. Cuando estudio español, ...
4. Cuando termine el curso, ...
5. Cuando aprenda español perfectamente, ...

4.8. Escucha y escribe si las oraciones son verdaderas o falsas.

[23]

		V	F
1.	Cuando termine el examen, se irá de vacaciones.	O	O
2.	Empezará a trabajar cuando le den el destino.	O	O
3.	El día del examen saldrán las listas de aprobados.	O	O
4.	El examen probablemente será a finales de este mes.	O	O
5.	Cuando sepa las notas, escribirá un correo a su amigo.	O	O

4.9. Completa las frases relacionadas con diferentes etapas de la vida con los verbos correspondientes.

A.

ser (2) ■ tener ■ encantar ■ dormir ■ llevar

1. Cuando .... mayor, ... futbolista.
2. Me .... pasar el día fuera del colegio cuando nos .... de excursión.
3. Cuando .... dos años más, ... en una habitación para mí solo.

B.

llamar ■ pasar ■ ir ■ agotar ■ jubilarse ■ saber

1. El mes que viene me jubilo, y en cuanto ...., me .... a Italia.

2. Cuando mis nietos .... el verano conmigo, me ....

3. Hijo, en cuanto .... los resultados, te ....

C.

coger ■ aprobar ■ llegar ■ comprar ■ poder ■ preocuparse

1. En cuanto ...., me .... un mes de vacaciones, estoy cansadísimo.

2. Cuando mis hijos .... más tarde de lo normal, ... muchísimo.

3. Le he prometido a mi hija que cuando .... todas las asignaturas, le .... una moto.

D.

conectarse ■ buscar ■ ponerse ■ tener ■ empezar ■ ver

1. Cuando .... la universidad, ... un trabajo.

2. Cuando .... al chico que me gusta, ... muy nerviosa.

3. Normalmente, cuando .... tiempo libre, ... a Internet.

4.9.1. Escribe la letra (A, B, C, D) en la imagen correspondiente.

4.10. Completa con las palabras del cuadro.

a. indicativo	**e.** hábitos	**i.** *en cuanto*
b. marcador temporal	**f.** inmediatamente	**j.** futuro imperfecto
c. subjuntivo	**g.** preguntar por el tiempo	**k.** acciones en un tiempo futuro
d. *ir a* + infinitivo	**h.** pronombre interrogativo	

Cuando es un .... (1) que se utiliza para situar .... (2); en este caso el verbo de la frase va en presente de .... (3). Si usamos *cuando* para hablar de .... (4), generalidades en el presente, el verbo de la frase que depende de *cuando* va en presente de .... (5), el verbo de la otra frase va también en presente de indicativo.

Otro marcador temporal es .... (6) que se utiliza para presentar un suceso como .... (7) posterior a otro.

Para .... (8) en el que se va a realizar un plan o proyecto en el futuro, usamos el .... (9) *cuándo*. El verbo que depende de la oración puede ir en .... (10) o también se puede utilizar la perífrasis .... (11).

4.II. **Lee las frases que tienen relación con las características del síndrome de Peter Pan y completa la palabra o frase a la que se refieren.**

1. _ O _ O _ _ D _ _.

• Me encanta ver la tele desde la cama y que alguien me traiga lo que yo pida de comer.
• En mi casa ando sin zapatos y me pongo ropa confortable.

2. E _ _ Í _ M _

• Lo mío es mío y lo tuyo es de los dos.
• Nunca piensas en los demás y así no vas a tener amigos.

3. B _ _ Q _ _ _ _ D _ A _ _ _ _ _

• Necesito que me llamen por teléfono muchas veces para saber como estoy.
• No soporto que mis amigos no me llamen en mi cumpleaños.

4. _ _ C H _ _ _ _ A _ _ _ _ T _ _ _ _ _ _ D

• Me parece absurdo estar un mes sin poder dormir porque el niño llora.
• A mí me gustan los niños, pero los de los demás.

5. _ _ _ _ G U R _ _ _ _

• Siempre que conozco a alguien nuevo pienso qué opinión tendrá de mí.
• Cada vez que hago algo lo reviso muchas veces porque no sé si estará bien.

6. G _ _ _ _ _ O _ LA J _ _ _ _ _ _ _

• ¿Tú qué piensas de mi ropa? ¿También piensas que es demasiado juvenil para mí?
• Me encantaría ser joven eternamente.

7. _ I _ _ _ A C _ _ P R _ _ _ _ _ _ _ _

• No me apetece nada tener una relación estable, yo prefiero las relaciones esporádicas.
• Yo creo que se vive fenomenal solo, si vives con tu pareja tienes que renunciar a muchas cosas.

4.12. Completa este cuestionario con una pregunta más para cada uno de los problemas.

Falta de tiempo

1. ¿Planificas antes de empezar a hacer algo?

2. ¿Crees que el día debería tener 28 horas?

3. ¿Haces dos cosas al mismo tiempo?

4. ¿...?

Obsesión por el trabajo

1. ¿Piensas en el trabajo cuando estás de vacaciones?

2. ¿Te llevas trabajo a casa?

3. ¿Trabajas más de ocho horas al día?

4. ¿...?

Preocupación por la imagen

1. ¿Te maquillas o afeitas todos los días?

2. ¿Piensas que la imagen es lo más importante de tu vida?

3. ¿Gastas mucho dinero en ropa, calzado, peluquería…?

4. ¿...?

Prisas, estrés

1. ¿Cuántas horas duermes al día?

2. ¿Eres una persona nerviosa?

3. ¿Te tomas la vida con calma?

4. ¿...?

4.13. Lee el texto y escribe si las afirmaciones son verdaderas o falsas.

	V	F
1. El envejecimiento de la población se debe especialmente al aumento de la esperanza de vida.	○	○
2. La población española será la más vieja de la Unión Europea.	○	○
3. El envejecimiento de la población conlleva una serie de problemas económicos y sociales.	○	○
4. El problema más grave de los ancianos son las pensiones precarias.	○	○

El creciente envejecimiento de la población es uno de los cambios más significativos de la sociedad actual. La causa es la combinación de tasas de natalidad bajas con una mortalidad en descenso.

Según un estudio realizado por la Oficina Comunitaria de Estadística, la población española será la más anciana de la UE en 2050, con un porcentaje aproximado del 36% de mayores de 65 años y la menor proporción de ciudadanos en edad de trabajar, con un 52,9%.

Este envejecimiento tiene una serie de consecuencias en el gasto social y en el descenso de la población activa.

Además, hay que añadir los problemas que sufren los ancianos, de mayor a menor alcance: la salud, la soledad y la situación económica (muchos mayores cobran unas pensiones muy bajas que no les permiten cubrir sus necesidades básicas).

La bitácora existencial

5.1. Une la columna de la derecha con su significado en la columna de la izquierda.

1. conocerse a uno mismo	**a.** los intereses
2. las competencias	**b.** el puesto
3. la titulación profesional	**c.** el autoconocimiento
4. el cargo	**d.** las destrezas
5. las habilidades	**e.** la formación académica/práctica
6. la motivación	**f.** las capacidades

5.2. Marca la opción correcta.

1. Los asesores laborales recomiendan conocer el perfil profesional para:
- ○ **a.** conocerse mejor a uno mismo.
- ○ **b.** buscar trabajo de forma más eficaz.

2. El perfil profesional contiene:
- ○ **a.** las competencias del candidato necesarias para realizar las funciones propias del puesto al que opta.
- ○ **b.** las tareas que deberá realizar en el futuro puesto de trabajo.

3. Para garantizar el éxito en el trabajo al que aspiras, en el perfil profesional se debe incluir, además de la titulación profesional:
- ○ **a.** las características de tu personalidad y tus habilidades.
- ○ **b.** las causas del despido en el anterior trabajo.

4. Determinar tu perfil profesional te ayudará:
- ○ **a.** a conseguir una mejor retribución en tu trabajo.
- ○ **b.** a seleccionar la información que aparecerá en el currículum y la carta de presentación.

5. En general, conocer tu perfil profesional:
- ○ **a.** te dará mayor seguridad en la búsqueda de trabajo.
- ○ **b.** te hará sentirte más motivado.

5.3. Escucha la entrevista de trabajo y numera las frases según el orden en el que las oigas.

[24]

a. Tengo facilidad para inventar actividades creativas. .... ☐

b. Yo suelo ser muy intuitivo y preveo los problemas antes de que aparezcan. .... ☐

c. Tengo gran capacidad de trabajo. .... ☐

d. No me cuestan las relaciones con los chavales. .... ☐

e. Soy una persona paciente y metódica. .... ☐

f. Se me da muy bien tratar con adolescentes. .... ☐

g. Prefiero tener cierto margen para la improvisación. .... ☐

Une los elementos de las dos columnas y haz frases sobre el perfil de Fernando.

1. A Fernando no le cuesta .... •   • **a.** palabra.

2. Fernando tiene facilidad para .... •   • **b.** las largas jornadas laborales.

3. Tiene capacidad para .... •   • **c.** improvisar.

4. Tampoco le cuestan .... •   • **d.** inventar actividades creativas.

5. Tiene facilidad de .... •   • **e.** los adolescentes.

6. A Antonio se le dan bien .... •   • **f.** prever los problemas.

5.4. Relaciona las profesiones con las características de personalidad que deben tener las personas que se dedican a ellas y explica para qué necesitan estas cualidades.

> comunicativo/ ■ metódico/a ■ persistente ■ objetivo/a ■ paciente ■ intuitivo/a emprendedor/a ■ imaginativo/a ■ analítico/a ■ competitivo/a

comercial

1. *Comunicativa porque tiene que tener facilidad de palabra para vender sus productos.*

2. ....

3. ....

4. ....

5. ....

científica

1. ....

2. ....

3. ....

4. ....

5. ....

empresario

1. ....

2. ....

3. ....

4. ....

5. ....

5.5. Completa las siguientes frases con los verbos y expresiones que aparecen entre paréntesis.

1. Mi equipo y yo .... *(tener capacidad para)* estar mucho tiempo en lugares al aire libre y pasar mucho frío o mucho calor. Además estamos en muy buena forma y .... *(darse bien)* escalar y bajar por lugares difíciles.

2. A Pedro no .... *(costar)* mantener el equilibrio y .... *(tener capacidad para)* estar bastante tiempo en tensión y en un ambiente húmedo. Le encantan los espacios abiertos y la velocidad.

3. La verdad es que a ti .... *(darse bien)* controlar la respiración; nunca te has quedado sin aire y .... *(ser muy bueno)* explorando lugares desconocidos, podría decir que el mejor, porque siempre encuentras cosas interesantes que los demás no pueden ver.

4. Soy muy arriesgado, me encanta la sensación de caer al vacío y .... *(darse fenomenal)* los aterrizajes, nunca me he torcido un tobillo ni he tenido un accidente.

5. Habilidades que puedo destacar en mis hijos es que .... *(tener capacidad de)* concentración y una gran forma física, que han conseguido después de muchos años de práctica. Lo que más .... *(costar)* ha sido mantener el equilibrio en la barca y alcanzar gran velocidad de remo.

6. Lo que .... *(darse mal)* a Rodrigo era el autocontrol, porque cuando tropezaba con algo en el camino .... *(costar)* reconocer que había sido un despiste y empezaba a gritarnos a los demás por no haberle avisado, y hacia cosas como tirar al suelo la bici.

5.6. Completa las palabras con las letras que faltan y descubre seis deportes de riesgo.

1. C _ _ _ _ _ _ _   _ _   M _ _ _ _ _ A

2. _ _ P _ _ _ _ _ _ _

3. _ _ Q _ _   _ C _ _ _ _ _ _

4. _ U _ _ _

5. P _ _ _ C _ _ _ _ _ _ O

6. _ _ _ _ _ _ Ü _ S _ _

5.6.1. Relaciona los deportes anteriores con los textos del ejercicio 5.5.

1. | alpinismo

4. |

2. |

5. |

3. |

6. |

5.7. Escribe sobre ti y tu familia. ¿Qué se os da bien/mal? ¿Para qué sois un desastre o un genio?

la contabilidad	la velocidad	la jardinería	la improvisación
la cocina	hablar en público	los negocios	la atención al público
organizar reuniones	interpretar mapas	la escalada	el arte
resolver situaciones imprevistas	diseñar nuevos productos	el orden

....

....

....

....

....

....

5.8. Lee las siguientes frases y expresa admiración con énfasis.

1. En el esquí acuático se puede alcanzar una velocidad de 100 km por hora.

¡Qué velocidad! ....

2. El monitor de ala delta se desplaza por el aire de una forma asombrosa.

....

3. El buzo se quedó sin oxígeno, pero salió a la superficie de forma increíble.

....

4. Se debe sentir mucho vértigo al tirarte desde una avioneta en vuelo.

....

5. Es impresionante la manera que tienen de escalar los alpinistas; parece que sus pies estuvieran hechos para la montaña.

....

6. Me parece admirable la forma en la que los piragüistas navegan.

....

7. Estábamos explorando las profundidades de un arrecife y, de repente, apareció un tiburón. Sentimos mucho miedo.

....

8. A muchos de nosotros nos parece asombrosa la manera en la que pudimos salir sanos y salvos de aquella situación, todavía no logramos darle una explicación.

....

5.8.1. Comprueba tus respuestas con la audición.

[25]

> no interesante ■ amable ■ arrogante ■ bondadoso/a ■ pasivo/a ■ ágil, activo/a
> rápido de mente ■ malvado/a ■ inteligente ■ egoísta ■ adinerado/a ■ poco hablador/a

> sano/a ■ sin trabajo ■ no estar hablando ■ preparado/a ■ sentir satisfacción
> tener buen sabor ■ ser atractivo/a ■ no tener motivación por lo que hace
> no dormido/a ■ enfermo/a ■ no muerto/a ■ mostrar interés ■ tener curiosidad

SER	Adjetivo	ESTAR
amable	**1.** atento/a	*mostrar interés*
	2. aburrido/a	
	3. bueno/a	
	4. callado/a	
	5. despierto/a	
	6. interesado/a	
	7. listo/a	
	8. malo/a	
	9. orgulloso/a	
	10. parado/a	
	11. rico/a	
	12. vivo/a	

5.10. Sustituye las palabras resaltadas por *ser* o *estar* + adjetivo.

1. Pues yo creo que pensar en los demás y ayudarles rápidamente cuando lo necesitan no es una característica importante para un perfil profesional.

....

2. Totalmente de acuerdo, es igual que si en tu currículo añades como rasgo de carácter que tienes buenos sentimientos hacia los demás.

....

3. Para mí, lo más importante a la hora de buscar trabajo es poner atención a todas las ofertas que aparecen en prensa y estar preparado para empezar a trabajar enseguida.

....

4. ¡Ah! Esto es muy importante; si no tienes trabajo, tienes que apuntarte inmediatamente al paro. De esta forma te llamarán para hacer cursos y demostrarás que tienes interés por encontrar trabajo.

....

5. En mi opinión, el carácter sí es importante a la hora de encontrar trabajo, por ejemplo, si eres una persona que no habla mucho, poco activa y produces aburrimiento en la gente, evidentemente tendrás más dificultad para encontrar un buen puesto.

....

6. Bueno, depende, podrás encontrar un trabajo más sedentario o intelectual. Aunque en algo sí estoy de acuerdo contigo: las personas rápidas en sus pensamientos e inteligentes tienen más posibilidades.

....

7. Os quiero contar cómo encontré mi primer trabajo porque tengo satisfacción por ello. Yo había estado muy enferma casi un año, ingresada en el hospital y recién salida de la universidad. No tenía ninguna experiencia, pero me sentía llena de energía porque desde aquel momento valoraba mucho lo que significaba no estar muerta. Estuve un año entero mandando currículos a las empresas y cuando ya no tenía interés por seguir leyendo las ofertas en los periódicos, entonces me llamaron de una empresa y me contrataron.

....

....

5.11. Antes de leer el siguiente texto sobre los deportes extremos, responde a las preguntas y completa la columna de la izquierda. Después lee el texto y completa la columna de la derecha.

Antes de leer el texto		Después de leer el texto
	1. ¿Por qué algunos deportes reciben el calificativo de extremos?	
	2. ¿Crees que hay alguna razón científica en el gusto por practicar deportes extremos?	
	3. ¿Sabes cuál es el origen del paracaidismo?	
	4. ¿Dónde y por qué surgió el parapente?	
	5. ¿El ciclismo de montaña es bueno para la mente?	
	6. ¿Cuál es la finalidad del buceo?	

DEPORTES DE RIESGO O EXTREMOS

Se denominan deportes extremos algunas actividades que destacan por el peligro y la dificultad de realización. Algunos ejemplos son el paracaidismo, el vuelo en parapente, el ciclismo de montaña, la escalada, el buceo y el descenso de ríos.

Algunos científicos han señalado la causa fisiológica de la preferencia hacia este tipo de deportes: está relacionada con los niveles de adrenalina.

El paracaidismo es una actividad deportiva y parece que tiene su origen en las prácticas militares. La experiencia consiste en lanzarse desde una avioneta y conseguir volar con el propio cuerpo. Se diferencia del parapente en que en este segundo, gracias al ala grande y a su perfil aerodinámico, la persona tiene más tiempo para planear y el despegue se hace desde una montaña. Esta disciplina nació en Francia cuando algunos grupos de escaladores empezaron a utilizar un tipo de paracaídas para no tener que bajar a pie de las montañas. Asimismo, la NASA ha contribuido al invento con los paracaídas que incluyen las cápsulas espaciales en su sistema de aterrizaje.

En el ciclismo de montaña una persona montada en bicicleta puede recorrer grandes distancias en terrenos difíciles y peligrosos a velocidades inimaginables. Este deporte proporciona grandes beneficios físicos y mentales, ya que, por un lado, el ejercicio fortalece el cuerpo, y por otro, la actividad requiere concentración y control mental para actuar adecuadamente en situaciones difíciles.

El buceo consiste en sumergirse en playas, ríos, lagos, etc., con el equipo adecuado de forma que el buzo pueda respirar bajo el agua y moverse libremente, todo con el objetivo de explorar las profundidades.